거친 파도가 휩쓸고 간,
'나의 흔적(痕跡)'

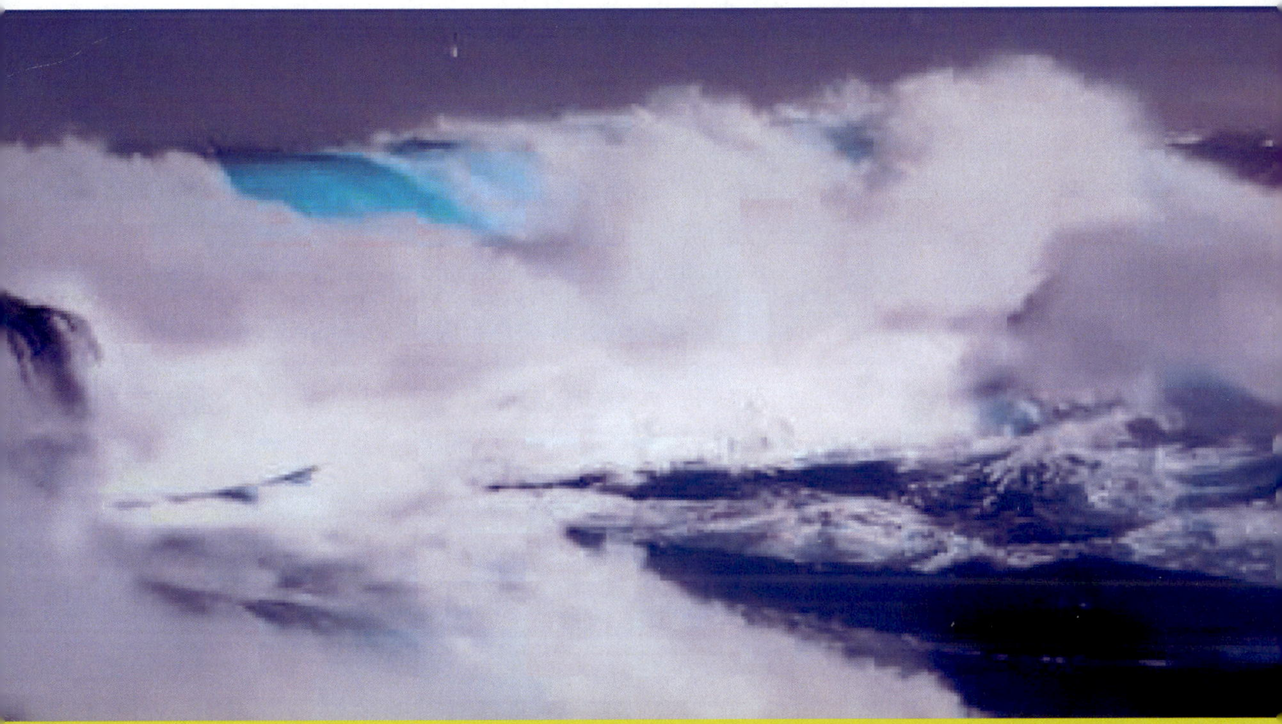

거스를 수 없는,
거친 파도와 같았던 그의 운명(運命),
그의 여정(旅程)은 험난(險難)했지만---

책머리에

거친 파도가 휩쓸고 간,
'나의 흔적(痕跡)'

노조위원장 선거에서 그의 출마를 막기 위하여 노동부 장관의 잘못된 지침을 인용한 회사로부터 두 번씩이나 부당하게 해고당한 그는 5~6년이란 오랜 기간,

'나 홀로' 소송으로 모든 소송에서
전관예우(前官禮遇) 관련 변호사의 온갖 위법행위(위증교사 등)를 물리치고 대법원판례로 노동부 장관의 잘못된 지침을 철회시켰고
그를 제외한 채 실시한 노조위원장 선거를 무효화시킨 후
회사가 혈안이 되어 막으려던 그의 노조위원장 선거를 재 실시한 끝에
노조위원장에 당선하여,

      (노동부장관의 잘못된 지침 : 구,노동조합법 제3조 4호 단서, 해고의 효력을
      다투고 있는자를 근로자가 아닌 자로 해석하여서는 아니된다.
      라는 조항을 뒤집어 해석하여, 이는 조직보호를 위한 것이지 개별 신분을 보
      호하기 위한 조문이 아니므로 '개별근로자가 해고의 효력을 다투는 사실과는
      관계없이 해고 조치로써 조합원의 신분도 상실한다'
      라는 지침을 각 산업체에 하달하여, 이를 악용한 사업주들이 그들의 눈에 가
      시 처럼 보이는 자는 엉뚱한 이유를 내 세워 해고하고 해고된 근로자가 복직
      운동 등 노조 활동을 하면 제3자 개입이다 해서 구속시키는 등 상식을 무시
      한 행위로 각계로부터 장관의 퇴진까지 요구하는 등 사회의 쟁점 사항이었던
      노동부 장관의 위법한 지침이었음)

어용화 된 노조와 회사와의 잘못된 관행을 모두 바로잡고

      정의(正義)가 무엇인지를 밝힌 명실상부(名實相符),
      진정한 노조 활동이 여기에 있습니다 ---

인사말

거친 파도가 휩쓸고 간
 '나의 흔적(痕跡)' 을 엮으면서---

긴 세월 전관예우 관련 강한 자와 맞선 '나 홀로' 소송으로
정의(正義)가 무엇인지를 밝힌 명실상부(名實相符),
진정한 노조 활동이 있습니다 ~~~

 거스를 수 없는, 거친 파도와 같았던 나의 운명,
강한 자로부터 두 번씩이나 당한 **부당해고**와 본인을 제외한 채 실시한 **노조위원장 선거 무효소송**에서 전관예우 관련 변호사로부터 당한 온갖 거짓과 위증교사에는 형사고소로 맞서면서 '나 홀로 소송'으로 모두 물리치고 승소하여,
 사장될 뻔했던 구,노동조합법 제3조 4호 단서를 수호하였고, 노동부장관의 잘못된 지침을 철회시켜 이 나라 1천만 근로자의 권익을 보호하였으며 위정자들에게 정의를 밝혀 준 쾌거를 있는 그대로 묘사하였습니다.

 사회로부터 소외 받고 힘없는 자들이 부당하게 해고를 당하거나
일상생활에서 억울한 일을 당하여 간단한 고소, 손해배상청구 등의 권리
행사가 필요할 때,

거친 파도가 휩쓸고 간, '나의 흔적(痕跡)'은
침해당한 권리를 찾기 위한 '나 홀로' 소송에 도움 될 것입니다.

(부당해고 무효소송, 고소장, 손해배상 청구 등 소송관련 목록 내장)

채 우 석 (舊名,蔡達基)
닉네임 '거친파도'

나는 이렇게 투쟁했다

'거친 파도'가 휩쓸고 가다

나는 재일교포 2세였습니다.

1939년02월21일 일본 교토시 시모교오쿠 히가시쿠죠 산노쵸66반지에서 태어나,

((호적에는, 출생지:경북 달성군 공산면 지묘동 526 출생일자:1939년02월20일로 잘못되어 있어 이를 바로 잡기 위해, 본인의 父의 일본 교토후 운전면허증의 주소지로 등록부정정 신청을 하였으나, 협화회원증의 가족난에도 출생일자가 소화14년2월21로 분명히 되어 있음에도 이는 직접적인 증거가 되기 어렵다는 이유로 2025.01.10. 기각되었으나. (서울동부지법 2024호기 190 2025.01.10.))

<u>세계인권선언 전문에 반하여,</u>

태어나자 마자 <u>항고인</u>의 의지가 아닌 타의에 의하여 <u>항고인</u>에 대한 존엄과 동등하고 양도할 수 없는 권리를 박탈당하여 일본국 교토시에서 태어난 출생지를, 조선국 경북 달상군 공산면 526번지에서 출생했다는 허위 출생신고를 당했다는 등의 이유로 항고하여 계류 중에 있습니다. **((목록26-2)항고장(등록부정정))**

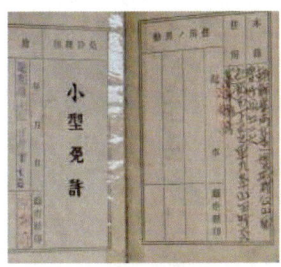 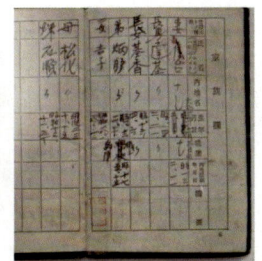

(---당시 일본 군모 비슷한 모자와 양복을 차려입고 공원에 놀러 가서 신사 앞 도리이(島居) 밑에서 사진을 찍고,
집 앞 골목에서 닷짱(애칭), 고장 하며 동무들과 구슬치기 하면서 놀던 모습과 친구 몇 명이 전차와 버스를 타고 교토 시내를 돌아다니며 놀던 모습, 아버지와 삼촌(다섯째)과 강에서 보트를 타며 즐기던 모습, 급성전염병인 디프테리아에 걸려 사경을 헤매며 교토대학병원에서 수술받아 가까스로 살아난 것, 밤 중에 지진 발생으로 창문, 전등, 등 가구들이 흔들려 거리로 뛰쳐나가 동네 사람들과 함께 웅성거리던 모습, 아침에 학교 갈 때 모두 모여 함께 등교하던 모습, 일시적이나마 교토 외곽 시골로 피난 갔던 일들이 교토에서의 어린 시절 추억으로 스쳐 지나갑니다---)

그곳 초등학교 1학년 재학 중 광복 후 양친을 따라 귀국하여 대구(동문동,동인동)에서 청소년 시절을 보내고,
1969년 12월 경부고속도로 개통과 동시 입사한 한국도로공사(대구사무소 입사1기)를 사퇴하고, 상경하여 종로구 관철동에 있던 캐리어 에어콘회사(전신,동흥전기주식회사)에 경리과장으로 입사하였고, 이후 5년여가 지나 이곳을 사퇴한 후 여러 사업을 하다가 모두 실패하고 우여곡절 끝에 미8군 용역회사 건양기업주식회사의 한 분야인 아리랑택시사업소(현 종로구 청사)에 입사하여 당시 분당에서 거주하면서, 1990년대 초반 혼자서 노동조합과 회사, **전관예우** 관련 변호사를 상대로 **(P85, P98참조)** 5~6년여간 법정투쟁 하여 <u>노동부장관의 잘못된 지침</u>을 철회시키도록 한 **대법원판례**를 남겨 사용주들에 의해 부당하게 해고되고, 해고의 효력을 다투는 노동자의 노조 활동을 방해받던 것을 막았습니다. (본문 P21)

'거친파도'가 잠재우다

1992년04년09일

동아일보, 한겨레신문, 중앙경제신문 등의 보도문 (대법원판결)

"해고효력 다투는 근로자 노조위원장 출마 가능"
 해고효력 다투는 노조원 출마제한 위원장선거 무효
"해고근로자도 '구제신청'중엔 여전히 조합원"

이라는 보도가 일제히 게재되었다.

> 해고된 근로자도 소송중일때는 근로자의 신분을 계속 유지한다.는 대법원판례입니다

> 노동부장관의 위법지침을 바로잡은 대법원판례에 대한 언론사들의 보도들입니다

사회쟁점사항 신문보도

1990년12월02일 한겨레신문 김×수 변호사의 더불어 생각하며, 에서 **'죽은 산업평화' 위한 지침** 이라 하며 보도

1990년12월06일 OO신문 사설에서 **노동부는 왜 이러는가? 장관의 퇴진을 촉구한다** 라는 보도

1991년07월25일 OO신문에서 해고효력 다투는 노동자 **조합원 자격논란 법정비화 조짐 문화방송노조 "노동부지침 위법성 밝히겠다"** 라고 보도

1992년04월09일 문화방송 노보 제77호에서,
해고자도 '구제신청'하면 여전히 조합원 이라고 보도

1992년04월17일 노동자신문
'해고효력 다투는자'도 '조합원' 대법판결, '해고자도 피선거권 있다'

1992년 04월17일 노동자신문
대법원의 노조법 3조4호 단서규정에 대한 입장 이라고 해설
'해고효력 다투는 한 종전지위 보장' 노동부지침에 재차 쇄기---위법.부당성 증명된 셈

1993년05월16일 노동부 해고 효격다툼 노동자 조합원 자격 인정키로 판례 어긋나는 현행 행정지침 개정 이라고 보도

2019년04월22일 조선일보

'배드민턴 셔틀콕 강타해 상대방 눈 부상 위자료 지급해야' 라고 보도

노동조합법 관련 주요 질의회시 · 행정지침

1993년 05월 16일

해고효력 다툼 노동자 조합원 자격 인정하기로---

노동부는 노동부장관의 지침으로, 해고노동자가 부당해고 구제 신청 또는 해고무효소송 중이라도 조합원의 신분을 인정하지 않았던 **판례 어긋나는 현행 행정지침**을 **개정**하여 이들에 대한 조합원 자격을 인정키로 했다.

'불굴의 의지'가 맺은 결실 (노동조합위원장)

제 94~184호

노동조합 설립신고사항 변경신고증

(1) 노동조합의 명칭	건양기업(주)운수 노동조합	2) 노동조합의 형태	단위노조, 지부, 분회, 연합단체
(3) 주된사무소의소재지	서울시 용산구 이태원동 34번지		
(4) 설립신고 년월일	1973. 6. 13.		
(5) 변경신고 년월일	1994. 11. 28.		
대표자	(6) 성 명	채 달 기	
	(7) 주민등록번호	390220 - 1019130	
	(8) 주 소	서울특별시 성동구 성동2가 2동 36-142	
(9) 소속된 연합단체의 명칭	전국관광노동조합연맹		

위와 같이 노동조합법 제13조 제3항의 규정에 의하여 노동조합의 신고사항 변경신고를 하였음을 증명합니다.

1994 년 12 월 16 일

노 동 부 장 관

채달기를 노조위원장 선거에 출마하지 못하도록 회사가 2번이나 부당하게 해고한 후, 어용화 되어있던 노동조합이 회사의 뜻에 동조하여 그를 제외한 채 실시한 노조위원장 선거를 나홀로 소송으로 대법원판결을 받아 무효화시키고, 재선거를 실시하여 노조위원장에 당선된 후, 노동부장관으로부터 부여받은 노동조합 대표자(위원장) 신고증. (본문 P165)

그후의 채달기 경과보고

1992. 11. 27.

또다시 이기다!!

서울민사지방법원 (1992. 11. 26)

채달기 **"해 고 무 효 판 결"**

두번째 부당하게 해고된지 13개월, 서울민사지방법원 합의41부는 진양기업주식회사가 1991. 10.26. 원고(채달기)를 해고 한것은 무효이며, '해고기간 동안의 임금상당액을 지급하라' 라는 원고승소 판결을 내렸다

이로서 본인을 부당하게 해고한지 13개월 만에 법의 준엄한 심판을 받게 된 것입니다.
이러한 결과는 지금까지 본인을 성원해 주신 여러 조합원의 덕분으로 생각 합니다.

1992.8.13.실시한 노조위원장 선거이후, 본인은 부당노동 행위자에 대한 후속조치를 다음과 같이 취하였습니다.

1. 대표이사 에게는 선거 전날인 8월12일 부당하게 선거에 개입하여 본인외 참모인 '김하준'에게 경위서를 쓰게하는 등의 부당노동 행위를 한 김상순을 엄벌하고, 제출받은 경위서의 철회를 요구하는 '항의서'를 발송한데 이어,
김상순을 위시하여 부당배차등의 부당노동행위를 일삼고 있는 김용철, 김수동 등을 처벌하라는 '부당노동행위자 처벌요구서'를 1992. 9. 9. 발송 하였으며,

2. 김상순에게는 노조위원장선거에 개입하여 본인의 참모에게 경위서를 쓰게하는 등의 부당노동

행위를 한데 대하여 반성할것과 몸체심 근무를 그만두고 운전직으로 돌아가지 않고서는,
운전직 근무를 계속했을 경우 내년에 해당되는 개인택시 면허취득은 할수 없을것이라는 내용을 알리는 '경고장'을 1992. 9. 21.발송 했었는데,

작년까지만 에도 우리들의 동료 운전원이었던 김상순은,
자신의 잘못을 반성할 줄 모르고 오히려,

본인이 발송한 '경고장'과 부당하게 경위서를 쓰게된 김하준 조합원이 김상순의 부당한 행위를 지적하며 발송한 '경고문'을 두고서,

본인과 김하준을, '내용증명으로 협박했다' 하면서 용산경찰서에 형사고소 하였고,

본인은 1992.11.11. 김하준은 1992.11.13. 각각 피의자 진술을 받았습니다.

3. 본인 역시, 피의자 진술을 받은 다음 날인,
1992. 11. 12 부당노동행위를 한 김상순과,
이를 묵인, 방조한 회사를 부당노동행위로 서울지방검찰청에 고소 하였습니다.

조합원 여러분!
이상으로 그동안 저의 경과를 보고드리는 바이며 조합원 여러분의 가정에 행운이 깃들기를 빕니다.

대단히 감사합니다.

채달기 소식

1993. 11. 17.
서울고등법원에서,
또다시 채달기의 승소로,
해고무효 판결.

또다시 서울고등법원에서 부당해고로 판결
해고무효

조합원 여러분,
여러분께서도 잘
아시다시피
1989. 10. 22. 본인이 회사로부터
1차 부당하게 해고 되었다가
18개월만인 1991. 4. 1. 본인의
승소로 복직된후 6개월만에
또다시 회사의 부당한 행위로
1991. 10. 26. 2차로 부당해고
되었다가,
1992. 11. 26. 서울지방법원의
1심에서 부당해고 판결을
받았고, 회사의 불복으로
서울고등법원에서의 항소결과
1993. 11. 17. 또다시 본인
채달기의 승소로 부당해고
판결이 났습니다.
천근대적인 방법으로 경영에
임하고 있는 회사는 고등법원
항소심에서 본인을 상대로
변호사까지 선임 하였으나
정의를 꺽지 못했고,
재판과정에서 추종자들을
내세워 위증케 하는등,
위증교사를 하며 본인을
꺽으려 했으나 증인들의
증언에서 위증임이 들통나서
오히려 채달기를 위한 증언이
되었으며 결국 본인의 승소로
끝나고 정의가 무엇인가를
보여 주었습니다.

본인이 1차 해고된
이후 2차 해고로
이어져 오늘에
이르기까지 4년여동안 본인은
혼자서 회사와 노동조합
두곳을 상대로 싸워 모두
이겼습니다. 이 과정에서
회사가 본인에게 부당행위를
하는것은 그들회사의 이익을
위해 행하는 행위로 생각할 수
있습니다. 그러나 명실공히
조합원의 권익을 위해
존재하는 노동조합이란 곳은
조합원이 두번씩이나 부당하게
해고 되었어도 맞서 싸울
생각은 고사하고 방관, 조장만
하였으며 대법원의 판결(현 대
법원장 윤 관 대법관의 판결)
까지 무시하고 한번도 아닌
두번씩이나 본인의 조합원
자격을 박탈 하였습니다. 이에
대해서는 현재 서울지방법원에
대의원선거 무효소송이
진행중에 있고 머지않아 법의
심판을 받을 것이며, 기필코
본인의 권리와 업무를 방해
받은데 대한 책임을 물을
것입니다.
조합원 여러분, 정의는 끝내
밝혀지는 것입니다. 근로자를
업신여기고 부당노동행위를
일삼는 행위는 근절 되어야 할
것이며 회사비위 맞추기에
급급한 결과, 회사맹신반 시킨
간부들은 처벌 받아야 할
것이며, 그들이 어떻게 될
것인지 우리 다함께 지켜
보도록 합시다. 이상으로
그간의 경위를 밝히는 바입니
다. 감사 합니다.

1993. 11. 18.
조합원 채 달 기

차례

나는 이렇게 투쟁했다 21
계란으로 바위를 깬 사람 26
미8군영내 교통사고
고소장,고소취소장,탄원서 27~31

회 고 (懷古) 32

제 1 편 유소년기

급성 전염병 디프테리어에 걸려 수술 33
만성 복막염으로 수술 33
한국으로 귀국
대구에 정착 34
고난 속으로 34
소학교 시절
개구쟁이 끼의 발동 34
중학교 진학 35
사춘기 36

제 2 편 청소년기

고등학교 진학 37
방황 37
군(軍) 입대 전까지의 생활 39
군(軍) 생활
논산 훈련소에서 39
오산 비행장에 배속 40
오산 비행장 앞 쑥고개에서 40

제 3 편 청년기
석산섬유공업주식회사(경리과소속) 입사 42
한국도로공사 대구사무소 입사 (경부 고속도로 개통 직후) 42

제 4 편 서울로
서울 동흥전기주식회사 (구, 캐리어 에어콘) 입사 43
독립 (서일설비공사) 44

제 5 편 고난(苦難)의 길로
건축사업 45
동방생명보험주식회사 입사 (단체보험) 입사 45
건양기업주식회사 45

제 6 편 노동운동 (송사에 휘말리다)
부당해고(1차)
부당해고 구제신청 (서노위 89 부해314) 46
재심신청 중앙노동위원회 (중노위 90구 부해30) 46
항소 재심판정 불복 서울고등법원 ((90구 9744) 46
부당해고 (2차)
2차 복직 47
노조위원장선거 무효소송
노조위원장 선거 48
노조위원장선거 무효 등 청구의 소 (90가합 06476) 48
준비서면 48
1심 패소
노조위원장선거 무효 등 청구 기각 **(원고 패)** 48
서울고등법원 항소 48

항소장 (90나45832) (원고) 49
준비서면 49
주소지변경 신고 49
증인신문신청 49
증인 이상훈 신문사항 49
고소취소장 49

2심 패소

항소기각 (원고 패) 49

대법원 상고 (91다 14413)

상고장 49
상고기록 접수통지서 49
상고의 이유 49
보충상고의 이유서 49

대법원 원고승소 판결

판결문 원심 파기환송 노조위원장선거 무효 (원고 승) 49

서울고등법원 파기환송심 (92나 23584)

원심판결취소 (원고승소 확정) 50
아리랑 창간호 조합원 투고 50

노조위원장 출마 (당선) 50

잘못된 단체협약 모두 시정 51

사회쟁점사항 신문보도

한겨레신문, '죽은 산업평화' 위한 지침 1990.12.02.(일요일) 51
노동부는 왜 이러는가? 장관의 퇴진을 촉구한다 1990.12.06.(목요일) 51
한겨레신문, 조합원 자격논란 법정비화 조짐 1991.07.25.(목요일) 51

사회쟁점사항에 대한 대법원판결 신문보도 1992.04.09.(목요일)

채달기의 대법원판결(해고근로자도 '구제신청'중엔 여전히 조합원) 52

문화노보, 해고자도 '구제신청'하면 여전히 조합원 1992.04.09.(목요일) 52

노동자신문 해고효력 다투는 한 종전지위 보장 1992.04.17.(금요일) 52

노동자신문, '해고효력 다투는자'도 조합원 1992.04.17. (금요일) 52

이런것이 진정한 노조다 54

노동부장관의 잘못된 행정지침 철회(개정) 56

노동조합법 관련 주요 질의회시·행정지침
대법판례 해고효력을 다투는 중에 있는 자라도
노동조합원의 신분으로서 피선거권을 가질 수 있다 56

노동부장관의 코를 납작하게 하다 57

제 7 편 사회의 잘못된 관례 개선

취약자의 개인택시 면허발급 도움 60

잘못된 자동차 방지턱 철거 60

제 8 편 나락으로 떨어지다

개인택시면허신청 부당하게 탈락 61

제 9 편 배드민턴 클럽

봉은배드민턴 클럽

가. 형사사건

고소1 61

고소2 62

고소취하 62

나. 민사사건

소장 (부당제명무효) 62

봉원배드민턴클럽 회원복귀 63

신림배드민턴 클럽

베드민턴 사고 가해자 손해배상 조선일보 64

상해입은자의 심경을 전함 65

제 10 편 다단계판매회사
주식회사 웰빙테크 입사 67

제 11 편 교통사고
소장 (손해배상) 67

답변서 67

준비서면 67

준비서면 제출 (원고) 68

판결 (승소) 68

제 12 편 기타 (간주임대료 외)
종합소득세 등 부과처분취소 청구의소 준비서면 (간주임대료) 1차 68

종합소득세 등 부과처분취소 청구의소 소장 (간주임대료) 2차 68

자동차방지턱철거 소장 68

항소장 자동차방지턱철거 68

제 13 편 인생의 황혼길에서---
출생지와 출생일자의 허위신고 정정신청 68

항고장(출생지와 출생일자의 허위신고 정정신청) 69

상고장(출생지와 출생일자의 허위신고 정정신청) 69

휴대폰 화면고장 손해배상 청구의 소 69

휴대폰 화면고장 손해배상(피고 답변서에 대한) 준비서면 69

목록

목록1 구제신청 서울특별시 지방노동위원회 (서노위 89부해314)
목록1)-1 부당노동행위 구제신청서 70

서울특별시지방노동위원회 (서노위)

  목록1)-2 구제신청   71

목록1)-3 명령서 서노위 89 부해314 **(부당해고) (원고 승)**   73

목록2 재심신청 중앙노동위원회 (중노위 90구 부해30)

  목록2)-1 중앙노동위원회 재심신청   74

목록2)-2 재심판정서 재심신청 **기각** (90구 부해30) **(원고 승)**   76

목록3 재심판정 불복 서울고등법원 항소 (90구 9744)

  목록3)-1 보조참가신청   78
  목록3)-2 증인신문조서 등본 신청   79
  목록3)-3 고소장 (최×주)   80
  목록3)-4 준비서면   81
  목록3)-5 고소장 (정×영)   82
  목록3)-6 서증조사신청   83
 목록3)-7 고소취하장 (정×영) **(원고 승)**   84
  목록3)-8 **항소취하 (회사)**   85

목록4 해고무효확인 청구 서울민사지방법원1 (90가합 46531)

  목록4)-1 (1차) 해고무효확인 등 청구 소장   86
  서울민사지방법원 90가합46531
  목록4)-2 준비서면   91
 목록4)-3 증인신문신청 (증인 이상훈) (원고)   94
녹목4)-4 승인신문사항 (증인 장×모) **(피고 회사측 위증)**   97
 목록4)-5 반대신문사항 (증인 장×모) (원고)   99
  목록4)-6 일부취하서   100
 목록4)-7 판결문 **해고무효** 서울민사지방법원 제42부   101
  (90가합46531) 임금지급판결 **(원고 승)**

목록5 해고무효확인 청구 서울민사지방법원2 (92가합 017353)

  목록5)-1 (2차)해고무효확인청구의 소 소장   103

서울민사지방법원 92가합017353
목록5)-2 판결문 **(해고무효)** 107
서울민사지방법원 합의41부 **(원고 승)**

목록6 재심신청 서울고등법원 (92나 72562)

목록6)-1 항소장 (92나 72562) (상대방) 109
목록6)-2 판결선고 항소기각 (서울고등법원 제7민사부) **(원고 승)** 111

목록7 노조위원장 선거무효 소

목록7)-1 노조위원장 선거실시 113

목록7)-2 노조위원장선거무효등 청구 소장 114
서울민사지방법원 합의 제15부 (90가합 26476)
목록7)-3 준비서면 (원고) 118
목록7)-4 판결 노조위원장선거무효 등 청구 기각 **(원고 패)** 120

목록8 서울고등법원 항소 (90나 45832)

목록8)-1 항소장 원고 (서울고등법원 제6민사부) 121
목록8)-2 준비서면 124
목록8)-3 주소지변경신고 125
목록8)-4 증인신문신청 126
목록8)-5 증인 이상훈 신문사항 127
목록8)-6 고소취소장 128
목록8)-7 판결 항소기각 **(원고 패)** 129

목록9 상고 대법원 (91다 14413)

목록9)-1 상고장 원고 (대법원 91다 14413) 130
목록9)-2 상고 기록 접수 통지서 132
목록9)-3 상고의이유 133
목록9)-4 보충상고의이유서 145

목록9)-5 대법원판결 원심 파기환송 노조위원장선거 무효 (원고 승) 152

목록10 파기환송 심 서울고등법원 (92나 23584)

목록10)-1 판결 원심판결 취소 서울고등법원 제4민사부 159
(92나 23584) (원고 승소 확정)

목록10)-2 아리랑 소식지 창간호 161

목록10)-3 조합원 투고 164

목록11 노조위원장 선거 (채달기 당선)

목록11) 노동조합 설립신고사항 변경신고증 (채달기) 165

목록12 봉은배드민턴 클럽

목록12)-1 제명공고에 대한 반박 166

목록12)-2 고소장1 제출 167

목록12)-3 고소장2 제출 173

목록12)-4 부당제명무효확인 등 청구의 소 176

목록13 신림배드민턴 클럽

목록13)-1 정신적피해보상 청구의 소 182

목록13)-2 항소장 (정신적피해보상 청구) 187

목록13)-3 판결 2018나58570 제2-2민사부 195

목록14 교통사고

목록14)-1 손해배상 청구의 소 199
서울남부지방법원 2019가소 172469

목록14)-2 답변서 (피고) 205

목록14)-3 준비서면 208

목록14)-4 조정을 갈음하는 결정 조서 213

목록15 기타

목록15)-1 준비서면 종합소득세 등 부과처분취소 청구(간주임대료) (1차) 215
목록15)-2 소장 종합소득세 등 부과처분취소 청구의 소(간주임대료) (2차) 223
목록15)-3 손해배상 자동차 방지턱철거 소장 230
목록15)-4 자동차방지턱철거 항소장 237

목록16 인생의 황혼길에서---

목록16)-1 출생지와 출생일자 정정신청 242
목록16)-2 항고장 (출생지와 출생일자 정정신청) 247
목록16)-3 상고장 (출생지와 출생일자 정정신청) 255
목록17) 소장 휴대폰 화면고장 청구의 소 (손해배상) 258
목록18) 답변서 (피고) 265
목록19) (피고 답변서에 대한) 준비서면 268

거친 파도와 같았던, 그의 운명(運命)

그의 운명(運命)은? 인생 낙오자(落伍者)--- 272
거친 파도가 휩쓸고 간 '나의 흔적(痕跡)'을 마치며 273

나는 이렇게 투쟁했다

'거친 파도'가 휩쓸고 가다

나는 재일교포 2세였습니다.

1939년02월21일 일본 교토시 시모쿄오쿠 히가시쿠죠 산노쵸66반치에서 태어나,

((호적에는, 출생지:경북 달성군 공산면 지묘동 526 출생일자:1939년02월20일로 잘못되어 있어, 본인의 父의 일본 교토시 운전면허증의 주소지로 등록부정정 신청을 하였으나, 가족난에도 출생일자가 소화14년2월21로 분명히 되어 있음에도 이는 직접적인 증거가 되기 어렵다는 이유로 기각당한 후 항소함 (서울동부지방법원2024호기190 2025.01.10.))

(---당시 일본 군모 비슷한 모자와 양복을 차려입고 공원에 놀러 가서 신사 앞 도리이(島居) 밑에서 사진을 찍고, 집 앞 골목에서 닷짱(본인이름 애칭), 고짱하며 몇 명이 구슬치기하면서 놀던 모습과 친구 몇 명이 전차와 버스를 타고 교토 시내를 돌아다니며 놀던 모습, 아버지와 삼촌(다섯째)과 함께 강에서 보트를 타며 즐기던 모습, 급성전염병인 디프테리아에 걸려 사경을 헤매며 교토대학병원에서 수술받아 가까스로 살아난 일, 밤 중에 지진 발생으로 창문, 전등, 등 가구들이 흔들려 거리로 뛰쳐나가 웅성거리던 모습, 아침에 학교 갈 때 모두 함께 모여 등교하던 모습, 잠시나마 교토 외곽 시골로 피난 갔던 일들이 교토에서의 어린 시절 추억으로 스쳐 지나갑니다---)

그곳 초등학교 1학년 재학 중 광복 후 양친을 따라 귀국하여 대구(동문동, 동인동)에서 청소년 시절을 보내고,

1969년 12월 경부고속도로 개통과 동시 입사한 한국도로공사(대구사무소 입사1기)를 사퇴하고, 상경하여 종로구 관철동에 있던 캐리어 에어콘회사(동흥전기주식회사)에 경리과장으로 입사하였고, 이후 5년여가 지나 이곳을 사퇴한 후 여러 사업을 하다가 모두 실패하고 우여곡절 끝에 미8군 용역회사 건양기업주식회사의 한 분야인 아리랑택시사업소(현 종로구 청사)에 입사하여 당시 분당에서 거주하면서, 1990년대 초반 혼자서 노동조합과 회사, **전관예우** 관련 변호사를 상대로 **(P85, P98참조)** 5~6년여간 법정투쟁하여 <u>노동부장관의 잘못된 지침</u>을 철회시키도록 한 **대법원판례**를 남겨 사용주들에 의해 부당하게 해고되고, 해고의 효력을 다투는 노동자의 노조활동을 방해받던 것을 막았습니다.

본인은 에어콘회사(케리어에어콘)에서 경리책임자로 근무중 독립해서 냉난방설비업을 운영하다가 실패하고 다시 대구에서 잠깐 '태원주택'이라는 아파트 건축사업을 했다가 여의치 않아 이후 여러 가지 사업을 했으나 모두 실패하여 인생의 장년기라 할 수 있는 50대 초반 '건양기업주식회사'라는 미8군 용역업체(일명 아리랑택시)에 입사하여 노동조합의 간부로 순수하게 조합 활동을 하던 중 본인을 못마땅하게 생각하던 회사가,
3~4개월 후에 실시할 노조위원장 선거에서 본인이 후보로 나와서 당선될 것을 두려워하여 본인을 부당하게 해고를 하고,
    이후 실시한 노조위원장 선거에서,
회사의 지시를 따르던 노동조합은 본인이 **'해고된 자'**라 하여,
노동부장관의 잘못된 지침을 인용하여 조합원 자격이 없다는 이유를 들어 노조위원장 선거에서 본인의 후보등록을 거부하고 본인을 제외한 채 노조위원장 선거를 실시하였습니다.
이때부터 혼자서, 회사와 노동조합을 상대로 힘든 싸움을 하기 시작했습니다.
    당시 본인은 여러 가지 하던 사업마다 실패를 거듭하여 가진 것이라고는 아무것도 없어 변호사를 선임할 수 없는 처지였으나,
다행이라 할까, 지나온 경력이 경리업무를 비롯한 행정 경력이었으므로 사무적인 처리는 직접 할 수 있었기에, 동료 직원들에게 '채달기'가 이 세상에 한 2년 늦게 태어난 것으로 생각하고 불의와 맞서 싸워서 정의가 무엇인가를 기필코 보여줄 것이라 하면서,
회사를 상대로,   노동위원회에 '부당해고구제신청'을,
            서울지방법원에 '해고무효소'를 제기하고,
노동조합을 상대로,
        '노조위원장선거 무효 소'를 제기하면서, 처음 예상했던 2년이 아니라 약 5년여에 걸쳐 혼자서 힘든 투쟁을 하게 되었습니다.
    노조위원장선거 무효 소에 대해서는 당시 노동관계 전문변호사의 자문을 받아보니 본인의 말이 백번 옳으나 시대의 흐름으로 봐서 승소할 가망

성이 전혀 없으니 포기하라는 것이었으나 도저히 포기할 수 없는 사안이라 소송에 임했던 것인데,

노동문제 전문변호사의 말과 같이,

1심(서울민사지방법원 90가합 26476)에서 기각되었고,

(1심에서 패한 후 '나는 끝까지 간다. 정의(正義)는 반드시 밝혀진다.'라며 다짐하였고)

2심(서울고등법원 90나 45832)도 이해할 수 없는 판결로 기각되었으며,

(2심에서도 패한 후 또다시 '나는 끝까지 간다. 정의는 감춘다고 감춰지지 않는다.'라는 결의로 대법원에 상고하였으며)

대법원 상고 후 (91다 14413) 승소하여, 드디어 정의가 무엇인지를 만천하에 밝히게 됩니다.

1992년 04월 09일 중앙의 각 일간지를 비롯하여 노동자신문 등에 한 페이지를 장식하였고, 라디오에서는 뉴스 시간마다 방송되었습니다.

당시 MBC TV에서는 '공정방송쟁취'로 한창 농성 중이었고 MBC 문화방송 노조위원장(안×길)이 해고된 자가 당선된 노조위원장이라 하여 MBC 문화방송 사주로부터 교섭을 기피당하여 노조위원장의 직무를 수행하지 못하고 있었는데,

MBC 문화방송노조에서도 본인의 판결로 MBC 문화방송사주의 부당함이 밝혀지게 되어 MBC 문화방송노보에도 크게 보도되었으며,

결국 대법원의 판결로 노동부장관의 잘못된 지침을 철회하도록 하였고, 이로써 1천만 근로자의 권익을 보호하게 되었으며, 이 나라 노동사에 한 장을 장식하게 되었습니다.

노조위원장선거 무효소와는 별도로, 회사는 본인에게,

  1989.10.22. 1차 부당하게 해고한 후,

  1989.02.09. **서울지방노동위원회(89부해 314)의 부당해고 판정,**

  1990.06.04. **중앙노동위원회(90부해 30)의 부당해고 판정,**

회사 측의 **항소심(서울고등법원 90구9794)**에서 회사 측 증인의 위증[1]과 위증교사[2]에 대한 본인의 형사 고소**(90년형제123962호)**로 발목이 잡힌

---

[1] 목록3-3 1990.11.26. 고소장 (위증 관련)
[2] 목록3-5 1990.12.27. 고소장 (위증교사 관련)

회사가, 1991.04.01. 본인을 원직에 복직시킨 후,
　　　 1991.05.04. **회사가 항소를 취하하였고,**
복직된 6개월 후 끝까지 본인을 몰아내려고 혈안이 되어있던 회사로부터,
　　 1991. 10. 26. 2차 해고 된 후,
　　 1992.11.26. 서울지방법원(92가합 17353)의 **해고무효판결**과
　　 1993.11.17. 서울고등법원(92나 72562)의 **해고무효판결**로,
　　 1993.12.01. 또다시 복직되었으며,

<u>두 번째 복직된 1년후, 또한 노조위원장무효소송 승소 2년 7개월 후인,
다시말해 회사가 본인을 노조위원장 선거에 출마하지 못하게 할 목적으로
부당하게 해고한지 5년 후인,</u>
　　 <u>1994.11.01.자로 노조위원장선거에서 당선되었고,</u>

노조위원장 당선 후
　 1. 지금까지 어용 화 되어있던 노조를 회사로부터 독립시켰고,
　 2. 열악한 임금을 현실화시킨 후,
　 3. 1년여 동안 100여회에 걸친 문건을 발송하면서 회사의 잘못된 관행과 회사와의 잘못된 단체협약 등을 모두 바로잡아 시정시키고 조합원들의 권익을 보호한 후, 노조위원장직과 회사를 사퇴하였습니다.

　이것이야말로 명실상부(名實相符) 진정한 노조활동이 아니겠습니까?

　이 외에, 본인이 해고무효 소송과 노조위원장 선거 무효소송 당시, 동료의 소개를 받고 본인을 찾아와서, 서울시에 '개인택시 면허발급'을 신청했다가 억울하게 탈락 되었는데 변호사를 선임하려 해도 돈이 없고, 이긴다는 보장이 된다면 빚을 얻어서라도 변호사를 선임하겠는데, 만약 패하면 빚만 남게 되니 어려운 가운데 어쩔 수 없어 고심하고 있다고 하면서, 좀 도와 달라고 하며 부탁하는 것을,
하도 딱해서 도와주기로 하여 서울고등법원에 행정소송을 해서 승소하여 개인택시면허를 받게 해 주었는데, 이 소문을 들은 비슷한 경우의 다른

사람들이 또 찾아와 부탁해서 이후 5명은 서울고등법원에서 승소하고 1명은 대법원에서 승소하여 모두 7명에게 개인택시면허를 받게 해 준 사실도 있습니다.

본인은 고교를 졸업 후 대학을 가지 않았으나 인생대학(人生大學)?에서 배우고 익힌 지난 세월은, 대학 못지않은 소중한 배움과 경험을 쌓은 것이었습니다.

현실에서 돌아가는 정치판을 보면 그야말로 한심하기 그지없습니다. 정치하는 사람들, 과연 그들이 이 나라 국민들에게 무엇을 어떻게 얼마나 이바지했습니까?
고위 공직자들은 직위를 이용하여 치부하기에 바쁘고 사회 구석구석 비리가 없는 곳이 없으며 공직에 앉았다 하면 국민 위에 군림하려 들고 권위주의적인 자세로 일관하며 유전무죄 무전유죄인 현실사회에서 상상조차 할 수 없는 뇌물이 오가고 온갖 못된 짓을 저질은 고위직에 종사한 자들은 대가성 없는 떡값이다, 사면이다 뭐다 하며 뒷구멍으로 모두 빠져나가는데, 신×원과 같은 힘없는 자는 철창 속에서 평생을 보내거나 사형입니다.

전직 대통령을 비롯하여 뇌물 먹은 고위 공직자들,
과연 그 누가 더 죄질이 나쁜 자입니까? 고차원으로 뇌물 먹은 고위 공직자들을 사면이다 뭐다 하며 모두 풀어주려면 그에 앞서 신×원 같은 잡범들도 모두 사면해야 할 것입니다.

       참 고 : 1. 사회쟁점사항 신문보도 (P52)
               2. 이런 것이 진정한 노조다 (P54)
               3. 노동부의 잘못된 행정지침 철회(개정) (P56)
               4. 노동부장관의 코를 납작하게 하다 (P57)
                 (MBC파업당시 1992.10.14. PC통신 하이텔의 '나도한마디' 사이트에 띄운 글)

                                              1992. 04.   .
                                              채 우 석 (舊名,蔡達基)

계란으로 바위를 깬 사람

　회사가 본인을 그토록 눈에 가시처럼 생각하며 끝까지 해고하려 했던 근본 원인은 다음과 같은 사건 이후 본인의 이름이 알려지면서 본인이 노조위원장이 될 것을 회사가 두려워한 것입니다.
미8군 영내,외에서 운전 중 아무리 경미한 사고가 났더라도 일단 사고가 접수되면 비록 피해자였더라도 ×경장이란 담당 경찰관에게 걸렸다 하면 잘,잘못을 고사하고 일정한 금품을 뜯기지 않고는 해결된 적이 없었다는, 이런 파렴치한 경찰관을 서울지방검찰청에 고소하여 버릇을 고쳐준 일이 있었는데, 그 내용은 다음과 같습니다.

　그는 1939년 일본 교토에서 태어나 그곳에서 초등학교 1학년에 재학중 광복과 더불어 양친을 따라 귀국, 대구시 동문동에서 중앙국민학교에 입학, 중,고교를 졸업한 고졸인생, 그의 이름은 채달기.
명은 길었던지 일곱 살 이전에 복막염 수술을 받고, 급성 전염병인 디프테리아 수술 끝에 사경을 헤매다 살아난 후 마흔이 넘어 맹장 수술받은 것 외에는 별 탈 없이 건강하다.
　중학교 진학 때, 그가 지망했던 대구제일중학교를 담임선생이 왜 그랬는지 제삼중학교로 지망을 바꾸라고 계속 유도하는 것을 끝내 뿌리치지 못하고 제삼중학교로 지망을 바꾸어 국가고사 398점으로 2위(점수가 같은 2위가 2명이었음)로 입학하게 된다.
(처음 지망한 제일중학교를 고수했더라면 그도 T.K?의 한사람이 됐을 건데---)
당시 몇 년 동안 대구에서 경북중학교를 제일중학교로, 대구중학교를 제이중학으로 교명이 바뀌었고, 제삼중학교는 상업중학교가 제삼중학교로 됐다고 하면서 담임선생이 꼬셨는데 입학하고 보니 담임선생의 말은 거짓말이었고 제삼중학교는 신설된 학교였으며 그는 2회 졸업생이 되었고 제삼중학교는 나중에 경상중학교로 교명이 바뀌었다.
　중학교 진학 후 이성에 눈뜨면서? 공부는 뒷전, 오상이란 별명을 들으며 여학생 꽁무니만 좋아하다 고교진학에 실패하고 한 해 놀다가 이듬해 대구 상고에 입학하고 1학년 학기말 시험 후 화장실에서 친구들과 어울려 담배를 피우다가 기습 공격한 용감한 꽁치××(별명) 선생으로부터 그가 혼자만 명찰을 뜯긴 후 무기정학을 받게 된다. 그 후 2학년 초 그 용감했던 꽁치×× 선생 면전에서 담배를 피우며 학생들에게 망신 준 후 자퇴하고 중앙상업고등학교로 편입학하여 가까스로 졸업한 화려한 경력?을 가진 한심한 사람이다.
　그는 이렇게 하잘것없는 사람으로, 그의 인생 항로 역시 거친 파도와 같이 순탄치가 않았다.
군 전역 후 대구에서 석산섬유공업주식회사(석산나이롱양말)에 잠시 근무하다 사직하고 매제와 더불어 메리야스 공장을 차려 운영하다가 실패하여 정리한 후,
1969년 경부고속도로 개통과 동시 한국도로공사 대구사무소 1기로 입사하였으나 공교롭

게도 1969년말 서울 종로2가에 있던 동흥전기주식회사(캐리어 에어콘회사 전신)에 경리과장으로 입사 제의가 있어 서울에서 생활할 것을 원하여 한국도로공사 대구사무소를 퇴직하고 캐리어 에어콘 회사에 입사 하여 안정이 되는가 했지만, 1975년 3월 회사를 다시 사직하고 관련 업종인 에어콘 설비사업을 시작하여 그로부터 3년 후 사업에 실패, 대구 범어동에서 아파트(태원주택) 건축사업에도 실패, 끝내 재기하지 못한 그는 1987년 12월 10일 용산구 이태원에 있는 미8군 용역업체인 건양기업주식회사(아리랑택시)에 운전원으로 입사한다.
계란으로 바위를 깬 그의 이야기는 여기서부터 시작된다.

　1989년 3월 말경 어느날, 미8군 용산기지 사우스포스트 내 121병원 택시정류장 앞에서 미8군 전용 택시(일명 아리랑택시) 기사 전×득이 채달기에게 다가와서,

'채형, 이번에 실시하는 노동조합 대의원선거에 3반 후보로 나가주세요'
'무슨 소리요? 나는 입사한지 얼마 되지 않았을 뿐 아니라 노동조합 활동에 대해서 아는바가 없으니 대의원선거에 나갈 생각은 전혀 없습니다'
'이번에 채형이 나가지 않으면 3반에서 나갈 사람이 없습니다. 만약 3반에서 아무도 나가지 않으면 현 어용조합에다 그대로 넘겨주고 맙니다. 어용조합에다 그대로 넘겨줄 수 는 없지 않습니까?'
'그래요? 그렇게 사람이 없습니까?'
'그렇습니다. 아무리 찾아봐도 나올만한 사람이 없습니다.'
'나올 사람이 없어서 어용조합에다 그냥 넘겨준대서야 말이 됩니까, 정히 그렇다면 어디한번 생각해 봅시다.'

　이렇게 시작된 그다음 날, 어용조합에 대항하는 이쪽 후보의 한사람인 1반에서 출마한 이상훈이 그에게서 대의원입후보 등록서류의 날인을 받아가고, 등록 마감 하루 전에 전격 등록한 후, 선거 결과 그는 압도적 다수표로 당선, 어용조합을 완전히 뒤엎고 노동조합 새 집행부가 탄생하기에 이른다.
　입사한지 1년 남짓한 그가 압도적 다수표로 대의원에 당선될 만큼 그의 이름이 알려지게 된 것은, 1989년 1월 19일에 있은 다음과 같은 고소장을 서울지방검찰청에 제출하고서였다. 그 내용은,

미8군 영내 교통사고

　　　　　　　　　　　　　　고　소　장

　　　　고소인　　　　　채　달　기
　　　　　　　　　　　　건양기업주식회사
　　　　　　　　　　　　서울특별시 용산구 이태원동34

　　　　피고소인　　　　조 × 장
　　　　　　　　　　용산 경찰서 미8군 파견대 경장

　　고소인은 건양기업주식회사(미8군 아리랑택시) 운전원으로서 1989. 1. 19. 17:00시경 용산구 한남동 소재 미군전용 주택지인 한남빌리지 I동 앞에서 마주 오던 서울1s 6732호 승용차의 범퍼에 고소인의 차(서울0바 1139호) 좌측 앞 뒤 문짝이 받혀 약간 파손된 경미한 사고가 발생하였습니다.
　　상대방은 운전 미숙한 한국인 부인이었고 사고즉시 부인은 고소인에게 미안하게 되었다고 사과하였으나, 부인의 옆 좌석에 앉아있던 남편 되는 미국인이 미8군 헌병대에 연락하여 미 헌병 2명이 현장에 나와 사고 경위를 조사한 후 부인의 잘못을 인정하여 부인이 현장에서 미화 $55을 배상하고 끝났습니다. 그런데,
미 헌병은 가해자에게 그 이상의 아무런 조치 없이 끝을 내는데, 피해자인 고소인은 왜 우리 나라 경찰관으로부터 여러 가지 불이익 처분을 받아야 되는지 알 수가 없습니다. 현장 조사 후 모든 조치가 끝났는데도 불구하고 미8군 헌병과 현장에 함께 출동한 미8군 헌병대에 파견된 조 경장이란 사람은 고소인의 면허증을 돌려주지 않고 미8군 헌병대로 찾으러 오라는 것이었습니다.
　　그래서 근무 하다말고 18:50시경에 헌병대(건물 1326호)로 면허증을 찾으러 갔더니 조 경장이란 경찰관이 하는 말이, '현장에서는 말을 하지 않았지만, 당신이 잘못이다' 하면서 새삼스럽게 사건을 번복시키겠다고 하면서 '어떻게 하겠느냐?'는 것이었습니다. 고소인은 '잘 해 줘서 고맙다'고 하며 면허증을 달라고 했더니 '번복시키면 당신이 도로 물어내야 한다'는 등 '당신 때문에 저녁도 못 먹었다.' 하면서 괴롭히며 면허증을 주지 않기에 '고소인 때문에 식사를 못 했다면 식사를 사 줄 테니 면허증부터 달라'고 하니까 계속해서 주지 않고, '돈까지 받았으면서 인사도 하지 않는다'는 등 먼저 인사해야 면허증을 준다는 식으로 괴롭히더니 나중엔 그의 동료 직원까지 부르더니 합세시키는 것이었습니다. 동료 경찰관은 내용도 잘 모르면서 '운전 한 두 번 했느냐? 인사를 해야지' 하면서 함께 몰아부치는 것이었습니다.
　　정말 한심한 경찰상이라 하지 않을 수 없고 굴욕감과 회의를 느끼면서 처음 미화 $10을 주니까 '누굴 놀리느냐? 내일 사고담당 주임과 같이 오라' 하면서 면허증을 계속 주지 않아 다시 $20을 주니까 그제야 씨익 웃으며 $20을 받고 면허증을 주는 것이었습니다.
　　고소인은 피해자로서 아무 잘못도 없으면서 한 사람의 비열한 경찰관으로 인해 시간 뺏겨 일도 하지 못하고 미화 $20을 갈취당했습니다.
　　이러한 행각을 서슴지 않고 자행하는 자는 도대체 누구입니까?
경찰관입니까? 날 강도입니까?
　　고소인은 분노치 않을 수 없어 이에 고소장을 제출하는 바입니다.

　　　　　　　　　　　　　　　　　　1989. 1. 23.
　　　　　　　　　　　　　　　　　　서울특별시 용산구 이태원동34

건양기업(주) 아리랑택시사업소
운전원 채 달 기

서울지방검찰청 귀중

  이와 같은 소장을 접수한 것을 알게 된 조×장 경장은 그의 반장과 함께 회사로 찾아와 회사 간부들에게 살려달라고 빌며 애걸복걸하는데---
(조× 경장은 정년퇴직이 2~3년밖에 남지 않았다고 함)
  회사에서는 무전으로 그에게 귀사하라고 불렀으나 그는 낌새를 알고 밤늦도록 귀사하지 않다가, 밤늦게 귀사 한 그를 기다리고 있던 임×순 대리와 사고담당기사 유×호 등이 술좌석을 마련해 놓은 자리에서 그에게 요청하기를,
'고소인 진술을 받으러 가지 않으면 임의대로 처리할 것이니 그렇게 해서 한번 봐 주자'는 것이다. (사람을 어떻게 보고?)
  그의 대답은,
'누가 뭐라 해도 고소인 진술은 하지 않을 수 없으며, 후에 그가 진심으로 반성하고 뉘우친다면 그때 가서 고소취하는 해 줄 수 있을지라도 지금 그렇게는 할 수 없다'고 하였다.
  (회사 간부들은 지금까지 그들에게 아쉬운 사정만 하다가 처지가 뒤바뀌어 살려달라고 애걸하는 그들을 보고 내심 속이 시원했으리라)
  이러한 경위를 알게 된 기사들은 경미한 사건만 생겨도 갈취하던 자들이 거꾸로 찾아와서 애걸하는 것을 보고 얼마나 통쾌했으면 이런 말들을 했을까?
'자알 했어, 지금부터 한 달 동안 매일 커피 사 줄게'
'나도 얼마 뜯겼어'
'나도 뜯겼어----'
'그 친구 임자 한번 잘 만났군' 등등,
속 시원해하며 모두들 인사를 하는 것이었다.
  이리하여 그의 이름이 모든 기사들에게 알려지게 되었고, 1989년도 대의원 선거에서 최다 득표로 당선된 계기가 된 것이었다.
  이후 그가 거주하는 동사무소와 전화국 등을 통해 그의 주소를 확인하여 그의 집으로 찾아온 파렴치한 자들을 문전에서 쫓아버리고 나중에 회사 간부틀의 주선으로 회사에서 조× 경장과 단둘이 만나 그에게 사과하면서 갈취한 $20보다 더 많은 한국 지폐를 주는 것을 매점에서 미화로 교환할 수 있으니 교환해 오라 하여 갈취당한 $20만 돌려받고, 살려 달라며 비참하게 애원하며 매달리는 것을 정이 많은 그는 다음과 같이 고소취소장과 탄원서를 써 주어 피고소인이 파면당할 것을 면하도록 해 주었다.

고 소 취 소 장

    고소인   채 달 기
    피고소인   조 × 장

고소인은 1989. 1. 23. 피고소인을 귀청에 고소하였던바, 피고소인이 자신의 잘못을 깊이 뉘우치고 여러 차례 사죄할 뿐 아니라 피해도 변제받았으므로 위 고소를 취소합니다.

1989. 2. 15.
위 고소인 채 달 기

탄 원 서

고소인　　　채 달 기
피고소인　　조 × 장

1989. 1. 23. 귀청에 피고소인을 고소한바 있는 고소인은 당시 그 같은 상황에서의 피고소인의 행위가 괘씸하여 한순간 분노를 참지 못하여 고소했던 바이나 그 후 피고소인이 깊이 반성하고 각성하여 차후 이런 일이 다시는 없을 뿐 아니라 맡은 바 직무에 충실할 것으로 사료 되어 선처하여 주시기를 바라오며 탄원서를 제출합니다.

1989. 2. 15.
위 고소인 채 달 기

이렇게 하여 파면당할 뻔한 경찰관을 용서하여 구해준 그는 노동조합 대의원에 당선되고 새로 출범한 노동조합에서 '조사통계부장'으로 임명받은 후 다시 노사협의회 위원과 임금협상위원으로 임명받아 노조 활동에 중심역할을 하게 된다.

당시 노동조합이 당면한 문제는 1989년도 임금협상이었는데, 동시에 회사는 미8군 교역처와의 불합리한 용역계약 때문에 기사들의 임금수준이 저임금의 결정적인 원인이 돼었던 관계로 임금협상위원이었던 그는 국내 일반 택시회사와의 임금 격차 대비표 등을 첨부하여 다음과 같은 결의문을 공고하기에 이른다.

임금개선에 관한 우리의 결의

- 인센티브는 현재대로 동결
- 기본급 77% 인상
- 능률급 분배율을 현재의 30:70에서 50:50으로 조정

이상과 같이해도 일반 택시회사와는 ₩47,000원의 차이가 나므로, 회사는 임금착취라는 전 근대적인 사고를 버리고 시대의 흐름에 호응하여,
'적정임금 지급 조건으로 미8군 교역처(KOAX)와의 재계약'에
임해야 할 것으로 사료 되며 조합의 집행부는 조합원의 정당한 권익을 찾기 위하여 최선의 노력을 다할 것을 다짐하고 아래 사항을 결의하는 바입니다.

아　　래

1. 회사는 근로자에게 적정임금 지불 조건으로 KOAX와 재계약 하여야 한다.
1. 차후 재계약이 체결되면 이러한 우리의 요구가 충족된 것으로 간주하여 제반 업무에 임한다.

　이어서 구,조합이 집행한 조합비 사용 내역을 감사하여 부당하게 사용된 조합비의 문제점 등을 공고하였는데,
노조위원장 손×택이 조합비 사용 내역을 공고하지 못하게 하는 등, 이상한 행동이 나타나기 시작하며 정당한 노조 활동에 장애가 될 소극적인 자세로 변해가고 있었다

회 고 (懷古)

　그는 서울 한강 변에서 흐르는 강물을 바라보며 지난날 5~6년여 동안에 걸친 회사로부터 2회의 부당해고와 노조위원장 선거무효 소를 거치며 노동부 장관의 잘못된 지침을 대법원판결로 바로잡으며 홀로 투쟁한 과정을 돌이켜 보면서 깊은 감회에 젖는다---

"불굴의 의지 결말을 맺다"

'드디어 대법원 승소 판결'
(1992.3.31. 대법원선고 91다14413)3)

"해고 효력을 다투는 중에 있는 자라도 노동조합원의 신분으로서 피선거권을 가질 수 있다."

1992. 03. 31.
재판장 대법관 윤 ×
대법관 최×호 대법관 김×환 대법관 김×준

　1990년대 초반 전관예우 관련 김×만 변호사를 상대로 '나 홀로 소송'으로 어용화 되어있던 노동조합과 회사를 상대로 5년여간 법정 투쟁하여 당시 **노동부장관의 잘못된 지침**을 철회시키도록 한 **대법원판례**를 남겨 사용주들에 의해 부당하게 해고되고, 해고의 효력을 다투는 노동자의 노조 활동을 방해받고 사장 될 뻔했던 구,노동조합법 제3조 4호 단서를 수호하였고, 1천만 근로자의 권익을 보호하였으며, 위정자들에게 정의를 밝혀 주게 된다.

채 우 석 (舊名,蔡達基)

---

3)목록9)-5 대법원 판결 원심파기 환송 (노조위원장선거 무효)

제 1 편 유소년기

급성 전염병 디프테리어에 걸려 수술

그는 1939.02.21. 일본 교토에서 태어났으며, 5세때 급성 전염병 디프테리어에 걸려 수술을 받는다.

(그의 어머님이 길에서 동무들과 놀면서 이상하게 기침하는 그를 보고 동네 의원에 가서 진찰받으니 급성 디프테리어라 하면서 동네 병원에서 교토대학병원에 연락하고, 병원에 연락한 후 5분도 되지 않아 급히 달려온 응급차에 실려 교토대학병원에 입원하게 되었고, 놀래서 울고 있는 어머니에게 의사 한 분이 다가와 자신도 조선 사람이라고 하며 수술 성공이 50대50이니까 빨리 도장 찍어야 한다고 해서 도장을 찍고 수술 받았고, 다행히 수술은 성공하고 경과가 좋아서 살아났는데, 디프테리어 수술은 목에다가 구멍을 뚫어 수술하고 목구멍이 막히지 않도록 닭 깃으로 계속 훑어 주게 되는데 그 수술한 흉터가 키가 자라면서 목 밑으로 내려와 있다.)

그가 1940년대의 일본이니까 디프테리어 수술로 살아났지만 만약 한국에서 걸렸다면 당시 한국의 의술로는 열에 열 모두가 사망했다고 하는데, 그 역시 한국에 있었다면 살아나지 못했을 것이다.

만성 복막염으로 수술

그 후 또 만성 복막염으로 수술을 받았는데, 등에 수술 자국이 남아 있고, 수술 당시 주변에 있던 간호원을 비롯해서 모든 사람들이 터져나온 고름을 뒤집어썼다고 하며 어릴 적에 두 번씩이나 큰 수술을 받았는데,

어머니가 19세에 결혼하여 28세에 낳은 외아들이 두 번이나 모진 병을 앓았다가 살아났으니 얼마나 애지중지하며 키웠는지 짐작이 가는 부분이다.

모진 병마가 완치되고 난 후 동네 동무 서너 명과 함께 전차와 버스를 타고 교토 시내를 돌아다니던 생각이 나고, 학교 갈 때는 아이들이 모여서 줄을 서고 가던 모습이 생각난다.

한국으로---

대구에 정착

광복 후 일본 교토시로부터 대한민국 대구시 동문동에 정착하다.

고난(苦難)속으로

그의 부친 형제가 6형제였는데 원래 너무 가난하여 그의 부친이 일본으로 가서 회사에 다니면서 돈을 벌어(일본 회사에 다니면서 소형 픽업트럭을 운전하였음) 고향에 논, 밭을 매입해서 형제들을 돌봐 주었고 귀국해서는 대구시 청사 옆 동문동에 매입해 놓은 일본 적산집에서 살고 있었는데,

여기까지는 상류급에 속해 있으면서 유복하게 지냈으나 부친 형제 중 셋째(삼촌)가 그의 집을 몰래 팔아서 행적을 감추는 바람에 그들은 당장 갈 곳이 없어 신암동에 방 한 칸을 세 들어 잠시 살다가 동인동에 있는 시장으로 조성해 둔 장터 집을 사서 살게 되는데 이때부터 그는 고난 속에서 소년기를 보내게 된다.

소학교 시절

개구쟁이 끼의 발동

소학교 2, 3학년때, 중학생이던 동네 선배로부터 야구를 배우게 되고 중학생이 힘차게 던지는 야구공을 초등학생이 전부 받아내면서 이때부터 야구를 잘하게 되어 동네 아이들을 이끌고 동 단위대회 아마추어 야구 시합을 자주 하였으며,

또 동네 아이들을 모아 동네 부근의 빈터에서 쌓아놓은 드럼통 사이를 오르내리면서 나무로 만든 칼을 가지고 편 갈라 칼싸움하면서 노는 등, 그는 개구쟁이처럼 놀기를 좋아하면서 야구와 칼싸움에는 소질이 있었다 ---

그는 소학교 3학년 과정에서 타고난 끼가 발동하여 동네 친구 한 명과

함께 약 한 달간 학교엘 가지 않고 대구 시내를 돌아다니며 놀았는데, 친구와 아침에 만나 가방을 메고서 돌아다닐 수 없으므로 대구 시내를 통과하는 경부선 기찻길 둑에 가서 레일의 양옆 둑 중간 정도에서 레일을 받쳐주는 돌을 두 세개 뽑고 그 공간 속에 가방을 넣어두고 뽑아 둔 돌을 원래대로 끼워놓고서 홀가분한 몸으로 대구 시내를 돌아다니며 놀다가 학교가 끝나는 시간과 때를 맞추어서 기찻길 둑에 가서 가방을 찾아 귀가하였고, 이런 생활을 한 달 정도 하면서 돌아다니다가 발각되어 다시 등교하게 되었는데, 같은 반 친구들로부터도 많은 놀림을 받았으며, 이는 일종의 톰 소여의 모험 같은 흉내 내는 끼가 발동한 것이었다. 그러나 그 후로 그는 아무 말썽도 부리지 않고 열심히 공부하였고 소학교를 졸업할 때는 웬만한 문제는 거의 외우다시피 하여 성적은 중상위급이었다.

중학교 진학

그는 초등학교 6학년 때의 성적이 중상위급에 들었으므로 중학교 진학 원서를 대구경북중학교(당시 제일중)를 선택했으나 담임선생(소×천)이 그에게 다가와서 중학교 진로를 제3중(현 경상중)으로 바꾸라고 하여 그는 여러 차례 담임선생의 말을 거부하다가,

상업중학을 나오면 사회에 나가서 도움이 많이 된다는 담임선생의 끈질긴 꼬임에 결국 넘어가 제3중으로 원서를 바꾸었는데, 나중에 알고 보니 제3중학교는 상업중학교가 제3중학교로 바뀐 것이 아니고 전년도에 새로 생긴 학교였던 것으로 그는 신생 제3중학교의 2회 졸업생이 된 것이었다.

((당시에 일시적으로 경북중학교가 제1중으로, 대구중학교가 제2중으로 교명이 바뀌었고, 제3중학교는 상업중학교가 제3중으로 교명이 바뀌었다고 하면서 원서를 제3중학교로 바꾸라고 하였으나, 나중에 알고 보니 담임선생의 거짓말이었으며 제3중은 1년전에 새로 생긴 중학교였는데, 잘못 생각한 순간의 선택이 일생을 두고 거친 파도에 휩쓸릴줄 짐작이라도 했으랴~~~ 그때는 몰랐지만 이것이 그의 숙명(宿命)이었음을 나중에서야 알았다.))

당시 중학교 입학시험은 500점 만점의 국가고시로 경북중학교의 컷트

라인이 350여점으로 그는 398점을 받아 경북중학교를 입학하고도 충분한 성적이었으며, 제3중학교에는 2위의 점수로 입학하게 되었는데 당시 398점으로 2위 합격한 사람은 그를 포함하여 두 사람이었다.

(이렇게 하여 그는 그의 인생에서 중학교 입학의 첫 단추를 잘못 끼우게 되었고, 그의 인생에서 세 번의 잘못 끼우게 된 단추가 있는데 중학교 입학원서의 변경은 그 첫 번째 잘못 끼우게 된 단추였고, 그는 여기서부터 그의 인생이 꼬이게 된 것이라고 생각한다.)

사춘기

중학교 진학 후 이웃집에 성명여중에 입학한 시골(군위)에서 왔다는 낯선 소녀가 있는 것을 보게 되었는데, 그 소녀를 보고 나서부터 이성에 눈 뜨게 되었고, 그 후 공부보다 이성에 대한 호기심이 많아지면서 공부는 뒷전이고 그때부터 배운 하모니카를 골목 어귀에서 불며 놀기에 바빴다. 여학생 꽁무니를 따라다니고 놀기에 바쁘다 보니 공부는 뒷전이고 성적은 자연히 떨어지기 시작 하고.....

(당시 하모니카로 불던 음악으로는, 고향생각, 아 목동아, 성불사의밤, 봄날은간다, 샐프란시스코, 향기품은 군사우편, 다방아가씨, 하이킹노래 등 반주를 넣어가며 신나게 불며 다님)

제 2 편 청소년기

고등학교 진학

경북고등학교에 입시 원서를 내고 시험을 쳤으나 중학교에서 공부를 하지 않았으니 합격할 리가 없고 낙방하여 한해를 놀고 다음 해에 다시 시도해 보기로 하였고, 이듬해 다시 경북고에 원서를 내고 시험을 보았으나 또다시 떨어져서 하는 수 없이 대구상업고교 야간부에 입학하였고, 이후 평범한 학교생활을 하지 않고 방황하기 시작한다.

방황

대구상고에 입학해서 당시 야구의 명문으로 이름나 있던 터이고 그도 소학교때부터 잘 하던 야구라서 야구부에 들어갔으나 야구를 계속하는 한 개인적인 시간을 보낼 수 없어 야구부에 들어간 지 얼마 되지 않아 야구 선생님의 만류도 뿌리치고 야구부를 탈퇴한다.
그리하여 공부 시간에 교실을 빠져나와(속칭 사부링,수업을 빼먹는 것) 학교 앞 골목에서 여학생들과 시시덕거리기도 하는 등 해서는 안 될 짓을 하다가 급기야는 화장실에서 친구들 5~6명이 빙 둘러서서 담배를 피우다가 별명이 '꽁치조디' 라고 불리던 선생이 화장실로 들어와서 마주 보게 된 그의 명찰을 뜯어서 가지고 가버리는 것이었다.

그후 그 선생은 그를 교무회의에 회부 하여 무기정학 처분을 하였고, 무기정학 처분을 받아 학교에 가지 못하게 된 그는 반항심이 생겨 대구상고를 자퇴하기로 마음먹으면서 다른 학교 전학할 곳을 알아보다가 그때 새로 생긴 대구중앙상업고등학교가 있어서 학생들을 받아준다는 것을 확인하고 대구중앙상업고등학교로 전학하기로 결심하게 된다.
그는 학생으로부터 받은 학폭(學暴)이 아니라,
교사(敎師)와 교단(敎壇)으로부터 선도(善導)가 아닌 사폭(師暴)을 당한 후 반항심으로 학교를 자퇴하게 된 것이었다.

그 후 전학 수속을 마치고 나서 그는 자전거를 타고 대구상고에 가서 그를 무기정학 시킨 선생(별명 꽁치××)의 수업 시간에 창문 너머로 자전거를 탄 채 항의의 뜻으로 보란 듯이 담배를 피우면서 복수 아닌 복수?를 하였고, 공부하고 있던 친구들로 하여금 웃음 짓게 하면서 대구상업고등학교와의 인연을 마무리하였고, 이후 대구중앙상업고등학교에서 고교생활을 마치게 된다.

(요즘 Btv의 일본 채널 Jtv에서 방영되던 '꼬꾸센'에서 고교3년의 말썽꾸러기 3년D반의 학생들에게 담임인 '꾸라'선생이, 사고뭉치 학생들을 어떻게 해서든지 바르게 선도하여 모든 학생들을 끝까지 졸업하도록 하고, 돈을 훔쳐서 도둑으로 몰려 퇴학 처분까지 내린 학생의 마음을 돌려 끝내 졸업까지 하도록 하였는데,
그에게 중학교 입학원서를 대구경북중학교(제1중학교) 지원을 제3중학교로 바꾸게 하면서 새로 생긴 제3중학교를 상업중학교가 제3중학교로 바뀌었다고 허위사실로 회유(懷柔)하여 결국 제3중학교로 지원을 바꾸게 한 담임선생과,
화장실에서 친구들과 빙 둘러서서 담배를 피우고 있던 그의 명찰을 뜯어가서 교무회의에 회부 하여 무기정학을 시키고, 그로 하여금 반항심을 일으키게 하여 결국 대구상업고교를 자퇴하고 대구중앙상업고교로 전학하고 그때부터 공부는 하지 않고 방황하게 한 그 선생들의 사폭(師暴) 행위,
일본 채널Jtv 방송의 말썽꾸러기 고교 3년D반 담임 '꾸러기' 선생이었다면 그에게 어떤 처분을 내렸을까?
'꾸러기' 선생님과 사폭(師暴) 선생들을 비교하면 답은 어떻게 나올까? ---)

고교생활 중에서 그는 고교 입학을 중학교 졸업 후 한 해 놀다가 들어갔기 때문에 동급생들보다 한 해 늦은 게 싫어서 대구중앙상고에 전학 할 때 대구상고 1학년에서 대구중앙상고 2학년으로 월반하여 중학교 동급생들과 같은 해에 고교를 졸업하게 되었고,
고교 졸업 당시 수학여행을 두 번이나 가게 되었는데, 한 번은 대구상고 수학여행을 합천 해인사로 가는데 친구들과 함께 끼어가게 되면서, 그는 얼마나 개구쟁이였던지 합천 해인사로 가는 도중 달리고 있는 버스에서 다른 버스가 나란히 가게 되는 과정에서 창문을 통해서 건너편 버스로 넘어가는 등 무모한 짓을 하며 개구쟁이 노릇을 하는 것이었다...

또 한 번의 수학여행인 대구중앙상고의 여행은 경남 양산 통도사로 갔는데, 여기서 그는 여학생을 건드리는 재미가 발동하여 놀러 온 경남 모 여고생들에게 접근하여 함께 어울리게 되면서, 여기에 수학여행 온 경남고 남학생들과 시비가 붙어 싸우게 되었는데 이쪽 그의 친구들은 모두 달아나고 그는 혼자서 끝까지 남아 싸우며 몰매를 맞는 등 말썽 많은 행동을 하는 것이었다.

군(軍) 입대 전까지의 생활

고교 졸업 후 군에 입대할 때까지 그는 거의 매일 저녁이다시피 친한 친구의 한 사람인 중앙통에 있는 경북농×상회의 둘째 아들 이×봉의 집으로 몰려오는 친구들과 함께 어울려 중앙통 뒷골목 막걸리집에서 탁자

위에 막걸리를 양동이 통째로 올려놓고 각자 떠 마시면서 흥겹게 놀다가 귀가 하기가 일수였고,
이×봉의 집에 가지 않는 날에는 동네 친구인 박×윤과 둘이서 대구 시내 중앙통과 동성로를 누비면서 다니다가 귀가하였고,
또 어떤 때는 친구들 몇몇이 모여 봉산동 술집(일명 방석집)에서 탁자가 요란스럽게 장단을 맞추며 노래 부르다가 귀가하는 등 이렇게 세월을 보내고 있었다.

(가장 친한 친구인 이×봉은 중앙통의 부잣집 아들이었음에도 그의 처지를 비관한 나머지 매일 계속한 과음으로 30대 초반 일찍 운명을 달리 하였고, 비보에 접한 그는 묘지까지 가서 너무나 일찍 가버린 친구를 생각하며 얼마나 울었는지 그야말로 대성통곡을 하였다)

군(軍) 생활

논산 훈련소에서

그는 고교 졸업 후 대학은 갈 생각은 하지 않고 1959년 11월 육군 논

산훈련소 25사단에 입소했는데, 신상명세서를 본 중대 부관이(그는 원래 글씨를 또박 또박 정자로 아주 잘 쓰는 편이었음) 훈련소 중대 서무계 조수로 발탁하여 그는 훈련소에서 좋은 대우를 받으며 훈련을 마쳤는데, 좋은 대우란? 남들보다 좀 더 편하게 훈련을 받은 것인데 여기서 자세한 내용은 언급하기가 뭣함으로 생략한다.

오산 비행장에 배속

논산 훈련소를 마치고 후반기 교육으로 인천 송도 해수욕장 해변에 있던 고사포병학교를 졸업하고서 오산 비행장내에 있던 고사포여단사령부 제1포대에 배속되어 이후 약33개월간의 군생활을 하게 되는데, 이곳에 배속되자마자 육사 11기 이×희 포대장이 당시 전역이 2개월밖에 남지 않았던 서무계의 조수이던 상병 김×생을 소대로 내보내고 그를 서무계 조수로 임명하면서, '현재 서무계의 전역이 2개월밖에 남지 않았으니 2개월 동안 업무파악에 전념하라'는 명을 받게 되면서 이로부터 그는 전역할 때까지 부대의 집합에는 나가지 않고(서무계가 행정반의 고정 보초였으므로) 군생활을 하게 되었다.

오산 비행장 앞 쑥고개에서

당시 오산 비행장 앞 쑥고개는 왕복 200여m 가량의 도로를 사이에 두고 양쪽으로 유흥업소가 늘어서 있어 이 일대는 밤이면 현란한 조명과 함께 북적대는 거리로 변하는 곳인데, 그는 일본 교토에서 태어나 7세까지 교토에서 자랐고 8세부터는 대구 시내 한복판인 동문동과 동인동에서 자란 사람인데도 오산비행장 앞 주변 모습을 보고 눈이 휘둥그레해질 정도였다. 쉽게 표현하자면 길거리에서 미군들이 여인들과 부둥켜안고 키스하는 것을 예사롭게 볼 수 있었으니까...

그는 이곳 오산 비행장(K-55)의 합동사령부에 배속되어 있던 학교(대구상고)와 동네 선배인 오×태 해군 대위를 만나게 되는데, 선배의 부인 역시 그의 친구 누나라서 두 부부 모두 형님과 누님처럼 허물없는 사이라서 그는 사복을 선배 집에 가져다 놓고 주말에 외박 나오면 사복으로 갈아입고 쑥고개를 누비고 다녔는데, 위에서 말한 것처럼 서무계라서 집합에 나가지 않으니까 누구의 제재를 받지 않아 머리를 자르지 않고 길렀었는데 사복으로 갈아입으면 아무도 군인 졸병인 줄 모르는 모습으로 변하는 것이었고 군대 생활을 하는 동안 오산 비행장 앞에서 몇몇 여인들과 재미있게 지내게 되었는데 이 또한 자세한 말은 생략하기로 한다.

((오산 비행장에 배속되고서 이×희 포대장과 교체 배속된 이×정 대위와 만나게 되는데 그는 포대장과 서무계의 관계로 아주 가까이 지내게 되었고, 전역 후 이×정 포대장은 6.25때 평양에서 월남하여 홀로 지내는 분이었고, 그도 남 형제가 없는 외아들로 자라나 외로운 몸이었으므로 이×정 포대장을 형님으로 모시면서 의형제가 되어 지금까지 65년여 동안의 인연을 사이좋게 지내면서 의형님이 전역 후 건축한 빌딩(캐피탈 호텔 건너편 창희빌딩)의 관리소장을 잠시 지내는 동안 빌딩의 어려운 문제인 간주임대료 4천만 원 부과금을 감사원을 경유 서울고등법원에 제소하여 면제받게 하였고(1992년)4),
이듬해 또다시 같은 4천만 원의 간주임대료가 부과된 것을 이번에는 국세청을 경유 서울고등법원에 일사부재리원칙을 이유로 제소하여 승소5)(1993년07월) 함으로써 두 번에 걸친 간주임대료 부과처분을 모두 취소하는 등 형님과 형수님 주변의 여러 가지 어려운 사건들을 처리하면서 지금까지 내리사랑이 아닌 치사랑으로 영원한 형제의 연을 이어가고 있음))
1939년2월21일 일본 교토에서 태어난 그는 당시 급성전염병인 디프테리아에 걸려 사경을 헤매다 살아난 후 잘 살던 환경에서 금이야 옥이야 귀여움을 독차지하며 자라던 그는 귀국 후 부친의 이상한 버릇(주사)으로 시달림을 받으며 전매청에 다니던 수입으로는 형편이 어려워 여동생들을 중학교도 진학시킬 수 없는 사정이라 그에게 항상 짓누르던 가난이란 굴레 때문에 대학은 갈 생각도 하지 못했었고, 그러나 다행하게 손재주가 많아 무슨 일이든 자신만만하게 처리할 수가 있는 혈기 왕성한 그는 군(일반 병 하사) 전역 후 일찍이 사회생활로 접어들게 된다.

---

4)목록15)-1 종합소득세 등 부과처분 취소 청구의 소(1차)
5)목록15)-2 종합소득세 등 부과처분 취소 청구의 소(2차)

제 3 편 청년기

석산섬유공업주식회사 입사

군 전역 후 대구 침산동에 소재한 석산섬유공업주식회사 업무과에 입사하여 잠시 근무하다가 사퇴하다,

한국도로공사 대구영업소 입사 (경부고속도로 개통 직후)

경부고속도로 개통과 동시 한국도로공사 대구사무소에 입사하였으나(입사1기) 입사 후 얼마 되지 않아 서울에 있는 에어콘 회사의 경리과장으로 입사 제안을 받아 서울에서 살기 위한 단순한 생각으로 한국도로공사를 퇴직하고 서울 소재 작은 개인회사인 동흥전기주식회사에 경리과장으로 이직하게 된다.

꿈 많던 청년 채달기,(개명 채우석) 경부고속도로 개통과 동시 입사한 한국도로공사 대구영업소(1기)를 사직하고 나름대로 적성에 맞는다고 생각한 에어컨회사(캐리어에어컨) 경리과장으로 선택되어 서울로 가다---

(한국도로공사를 퇴직하고 서울에 있는 조그마한 개인회사인 동흥전기주식회사로 이직한 것은 스스로 거친 파도가 넘치는 것과 같은 황야로 들어간 것으로, 그의 인생에서 세 번째 단추를 잘못 끼우게 된 것이었다)

제 4 편 서울로

서울 동흥전기주식회사 입사 (구, 캐리어에어컨)

(한국도로공사 대구영업소를 사직하고 홀로 상경하여 인척인 삼성인쇄주식회사 대표이사 채×기 형님댁에서 형님과 한방에서 기거하며 오랫동안 폐를 끼쳤는데, 동흥전기를 그만둔 후 방황하며 여의치 못한 생활로 인해 한 번도 찾아가 뵙지 못한 죄스러움이 평생을 두고 마음의 상처로 남아 있습니다,

형님과 형수님으로부터 신세 진 은혜, 따뜻한 배려를 갚지도 못한 채 평생 마음으로만 감사하게 생각하고 있는 못난 제가 이 자리에서 용서를 빕니다.
형님, 형수님 죄송하고 감사했습니다)

동흥전기주식회사로 이직하여 경리과장으로 5년간 재직하면서 여자 보조원 한 명을 데리고 열심히 일해서 연말마다 세무서에 보고하는 연말 세무보고에서 회사에 유리한 연말 정산을 무사히 넘기면서 회사에 적지 않은 공을 세웠을 뿐만 아니라 사주(社主)에게 많은 개인적인 치부(致富)를 안겨줬으면서도 사주(社主)는 그의 공을 평가하지 않았고, 개인 욕심에 사로잡힌 사주(社主)의 마음가짐에 그는 직함이 만년 과장으로 끝났으며, 사주(社主)는 난데없이 그의 '동서'이며 그와 같은 연배인 최×학이라는 사람을 총무과장으로 데려놓고 얼마 되지 않아서 상무를 거쳐 전무로 승진시키는 것이었는데, 회사에 별 기여도 하지 않은 자를 사주(社主)의 '동서'라는 사실 하나만으로 회사 전무로 승진 시키는데 대하여 그는 내심 불만이 많았으나 드러내지 않고 근무했으며,

회사에 근무하는 동안 그는 경리와 세무회계에 대한 업무를 최대한으로 살려 사주(社主)에게 많은 축재(蓄財)를 하게 해 주었음에도 그런 공로에 대한 포상은 없이 만년 과장이라는 직책에 머물게 하였으며 공로에 대한 대우를 하지 않는 것에 회의를 갖고 이 회사를 퇴직하기로 결심한다.

(그는 '한국도로공사'를 그만두고 사주의 의식이 기업가가 아닌 한낱 (장×××)에 불과한

조그마한 개인회사로 이직하고서 경리과장의 직책을 열심히 임하여 매년 법인세를 절세하여 사주에게 많은 축재를 하게 했음에도 그에 따른 보상은 없이 5년이 지나도록 경리과의 최고 직책을 만년 과장으로 하여 겨우 먹고살기에 빠듯한 대우를 받아 가면서 지냈는데,
어느날 가깝게 지내던 관할세무서인 종로세무서 법인세과의 한 직원으로부터 고려대학원에 수강생으로 함께 등록하자는 제안을 받았으나 당시 그의 처지는 시간과 경제적인 문제가 있어 사주의 도움을 받기 위해 건의했으나 한마디로 거절당하여 포기한 적도 있었던 것처럼,
사람은 살면서 어떤 사람을 만나느냐에 따라 성장의 차이가 결정되는 경우가 많은데 그는 '기업가'의 마음가짐이 아닌 시장 '장×××'의 마음가짐에 불과한 사주를 만나 5년여 동안 어려운 생활을 하며 귀중한 시간을 낭비한 것이었다)

독립 (서일설비공사)

　동흥전기주식회사 5년 재직 후 퇴직하고 서일설비공사라는 이름으로 자립하였으나 자금난과 여러 가지 이유로 사업에 실패하게 된다

제 5 편   고난(苦難)의 길로

건축사업

　서일설비공사라는 설비업을 접고서 뚜렷한 일을 찾지 못하고 있던 그는, 대구시 수성구에서 매제가 시작해 놓은 소규모 아파트 건축에 참여하게 되는데,
처음부터 매제가 무리하게 일을 시작해 놓은 관계로 구청으로부터 건축허가가 나지 않는 어려움을 겪고 있던 것을 그가 해결하면서 아파트 건축공사를 진행하게 되었고, 1년 정도에 끝낼 공사를 약 3년간 끌다가 공사를 마무리 하였으니 남는 건 없이 겨우 본전만 건진 채 매제에게 넘기고 아파트 공사를 끝내게 되었는데, 결국 약 3년 동안 대구와 서울을 오가면서 허송세월만 보내게 되었다.

동방생명보험주식회사 입사   (단체보험업무)

　대구에서의 아파트 건축공사를 끝낸 후 동방생명보험주식회사(현 삼성생명보험주식회사)에 단체보험 모집사원으로 입사하여 근무하다가 교보생명보험주식회사로 옮겨서 한동안 근무하였는데 체질에 맞지 않아 그만둔다.

건양기업주식회사 입사

　모든 일이 잘되지 않아 전전하다가 용산에 있던 미8군 장병들의 교통수단이었던 일명 '아리랑택시'의 건양기업주식회사에 입사하게 된다.

제 6 편 노동운동 (송사에 휘말리다)

　미8군 영내의 교통사고 후 신입사원이었던 그의 이름이 알려지게 되자 노동조합 대의원 이×훈의 권유로 노동조합의 대의원과 조사통계부장 직을 맡게 되었는데, 노사간의 현안들을 협의하는 과정에서 그가 여러 문제점에 관해 예리하게 지적하며 조합원들의 권익을 주장하는 것을 본 회사가, 당시 '노동부장관의 잘못된 지침'에 고무되어 머지않아 시행할 '노조위원장 선거'에서 그를 배제[6] 하기 위해 당치도 않는 이유를 들어 그에게 '해고 통고'를 하게 된다.

부당해고 (1차)

부당노동행위구제신청 서울특별시 지방노동위원회
(서노위 89 부해314)

　회사로부터 해고 통보를 받은 그는 1989.11.07. 서울지방노동위원회에 '구제신청'[7]을 하였고, 1989.12.21. 서울지방노동위원회로부터 명령서[8]를 받고 부당해고임이 판결 났으나, 회사는 이에 불복하여 중앙노동위원회에 재심청구를 한다.

재심신청 중앙노동위원회 (중노위 90구 부해30)

　회사는 서노위의 판결에 불복하여 1990.02.20. 중앙노동위원회에 '재심신청'[9] 하였으나 중노위에서도 1990.06.04. '재심판정서 재심신청 기각'(90구 부해30)[10]되어 또다시 부당해고임이 판명되었으나 회사는 다시 서울고등법원에 항소하게 된다.

항소 재심판정 불복 서울고등법원 (90구 9744)

　회사는 중노위의 판결에 불복하여 서울고등법원에 항소를 하게 되고,

---

[6] 목록7)-1 1990.02.20. 노조위원장선거 실시 (노동부장관의 잘못된지침 인용)
[7] 목록1)-1,2 1989.11.07. 부당노동행위 구제신청서
[8] 목록1)-3 1989.12.21. 명령서 서노위 89 부해314 (부당해고)
[9] 목록2)-1 1990.02.20. 중앙노동위원회 재심신청
[10] 목록2)-2 1990.06.04. 재심판정서 재심신청 기각 (90구 부해30)

그는 중노위와 함께 소송에 참여하기 위해 1990.10.18. '보조참가신청'[11]을 하였고, 이후 1991.05.04. 회사가 항소를 취하[12] 함으로써 서울지방노동위원회로부터 중앙노동위원회, 그리고 서울고등법원까지에 걸친 송사는 일단락된 것이나, 그는 노동위원회에 부당노동행위 구제신청과는 별도로 1990.07.04. 서울민사지방법원에 '해고무효확인 등 청구의 소'[13] 를 제기하여(90가합46531), 1991.11.08. 서울민사지방법원으로부터 '해고무효 판결'을 받아 원직에 복직하게 된다.

부당해고 (2차)

그러나 회사는 어떻게 하든지 회사로부터 그를 몰아낼 목적으로 또다시 부당하게 해고를 하였고, 그는 다시 소송에 임하게 되어 1992.03.27. 서울민사지방법원에 '해고무효확인 청구의 소[14]를 제출하고, (90가합46531) 1992.11.26. 서울민사지방법원으로부터 '해고무효 판결[15]을 받아 그가 승소한다.

2차 복직

또다시 회사는 원심에 불복하여 1992.12.16. 서울고등법원에 항소[16] 하였으나, (92나72562)

서울고등법원은 1993.11.17. 항소를 기각[17] 하여 그는 다시 복직한다.

---

[11] 목록3)-1 1990.10.18. 보조참가신청
[12] 목록3)-8 1991.05.04. 항소취하 (회사)
[13] 목록4)-1 1990.07.04. 해고무효확인 등 청구의 소 (1차)
[14] 목록5)-1 1992.03.27. 해고무효확인 청구의 소 (2차)
[15] 목록5)-2 1992.11.26. 판결문 (해고무효) 원고 승
[16] 목록6)-1 1992.12.16. 항소장 (92나 72562
[17] 목록6)-2 1993.11.17. 판결선고 항소기각 원고 승

노조위원장선거 무효소송

노조위원장 선거

회사가 노동부장관의 잘못된 지침을 인용하여 해고한 그를 어용화가 되어있던 노동조합이 노조위원장 선거에서 그의 피선거권을 박탈한 채 1990.02.20. 노조위원장 선거를 실시하였고,[18] 피선거권을 박탈당한 그는 그의 권익을 찾기위해 1990.04.21. 노조위원장 선거무효 소를 제기하였으며, 이후 대법원까지 힘든 소송에 임하게 된다.

(회사로부터 두 번에 걸쳐 부당해고 된 후 서울지방노동위원회와 중앙노동위원회, 노조위원장선거 무효소에서 대법원에 이르기까지 <u>회사가 선임한 변호사는 당시 서울고등법원 부장판사 출신 전관예우 관련 김×만 변호사였는데,</u> 그는 이런 힘 있는 변호사를 상대로 '나 홀로 소송'에서 전부 승소한 쾌거를 이룩하였음)

노조위원장선거 무효 등 청구의 소 (90가합 06476)

소 제기에 앞서 노동전문 변호사에게 본 사건에 관해 문의했더니 그의 주장이 옳은 것은 맞지만 시대의 흐름으로 봐서는 승소할 가망이 없다는 말을 들었으나 '노조위원장 선거 무효 등 청구 소송'[19]에 임한다.

준비서면[20] 1990.07.06.

서울민사지방법원 (1)심 패소 (90가합 06476)

노조위원장선거무효 등 청구 기각[21] (원고 패)

노동문제전문 변호사의 말과 같이 1심에서 그의 패소로 끝난다.

서울고등법원 항소 (90나 45832)

---

[18] 목록7)-1 1990.02.20. 노조위원장 선거실시
[19] 목록7)-2 1990.02.20. 노조위원장선거 무효 등 청구 소
[20] 목록7)-3 1990.07.06. 준비서면
[21] 목록7)-4 1990.08.17. 노조위원장선거 무효 등 청구 기각 (원고 패)

1990.09.25. 항소장 원고[22] (서울고등법원 제6민사부)

1990.11.21. 준비서면[23]

1990.12.06. 주소지변경 신고[24]

1990.12.31. 증인신문신청[25]

1990.12.31. 증인 이상훈 신문사항[26]

1991.01.16. 고소취소장[27]

서울고등법원 항소심 (2심) 패소 (90나 45832)

1991.04.03. 항소기각[28] (원고 패)

항소심 역시 피고는 재판에 출석도 하지 않았는데도 원고인 그에게 패소를 안긴다.

대법원 상고 (91다 14413)

1심과 2심에서 모두 패한 원고는 대법원에 상고한다.

1991.04.29. 상고장[29] (대법원 91다 14413)

1991.05.15. 상고기록 접수 통지서[30]

1991.06.04. 상고의이유[31]

1991.07.15. 보충상고의 이유서[32]

대법원 (3심) 원고승소 판결 (91다 14413)

1992.03.31. 판결문 원심파기 환송[33]

노조위원장선거 무효 (원고 승)

---

[22] 목록8)-1 1990.09.25. 항소장 원고 (서울고등법원 제6민사부)
[23] 목록8)-2 1990.11.21. 준비서면
[24] 목록8)-3 1990.12.06. 주소지변경신고
[25] 목록8)-4 1990.12.31. 증인신문신청
[26] 목록8)-5 1990.12.31. 증인 이상훈 신문사항
[27] 목록8)-6 1991.01.16. 고소취소장
[28] 목록8)-7 1991.04.03. 항소기각 (원고 패)
[29] 목록9)-1 1991.04.29. 상고 원고 (대법원 91다 14413)
[30] 목록9)-2 1991.05.15. 상고기록 접수 통지서
[31] 목록9)-3 1991.06.04. 상고의이유
[32] 목록9)-4 1991.07.15. 보충상고의이유서
[33] 목록9)-5 1992.03.31. 판결문 원심 파기환송 노조위원장선거무효 (원고 승)

서울고등법원 파기환송심 (92나 23584)
1992.09.23. 원심판결취소[34] (원고승소확정)

아리랑 소식지 창간호 조합원 투고[35]

 채달기를 보면 회사에 찍힐까 봐 모두 피하던 수백 명의 조합원 중 그나마 서너 명이 채달기에게 동조해 주었는데 그중 적극적으로 협조한 이상훈 대의원이 '아리랑 소식지 창간호에 투고한 글 중 일부를 옮겨봅니다.

---개미 한 마리가 뒷다리로 코끼리 뒷다리를 걸었다.
계란으로 바위 치기 싸움에 모든 개미들은 구경도 안 하고 멀리 가버렸지만, 이빨 빠진 개미 한 마리는 그 옆에서 구경도 하고 응원도 했다.

비가 내렸다. 눈이 내렸다. 모진 비바람이 세차게 몰아쳤다.
2년 가까운 세월이 흘렀다. 코끼리가 넘어갔다.
화가 난 코끼리는 다시 개미 뒷다리를 걸고 개미에게 싸움을 걸었다.
또 비가 내렸다. 또 눈이 내렸다. 또 2년 가까운 세월이 흘렀다.
또 코끼리가 넘어갔다.

집달리를 동원해서 밀린 봉급을 한꺼번에 수령 했다.
두 번씩이나 나가떨어진 코끼리는 패배를 인정하고 떠나가 버렸다.---
(본문 P164)

노조위원장선거 출마 (당선)[36]

　　　회사가 그에게 노조위원장선거에 출마하지 못하게 할 목적으로 두 번에 걸쳐 부당하게 해고하고 어용화된 노조는 이에 호응하여 노조위원장 선거에서 피선거권을 박탈한 채 노조위원장 선거를

---

[34]목록10)-1 1992.09.23. 원심판결취소 서울고등법원 92나 23584
[35]목록10)-2 아리랑 소식지 창간호 조합원 투고
[36]목록11) 1994.12.16. 노조위원장설거 출마 (당선)

실시했다가 그의 5년여에 걸친 소송 끝에 노조위원장선거를 무효화시킨 후 복직하고 다시 실시한 노조위원장선거에서 압도적인 다수로 노조위원장에 당선하게 된다.

잘못된 단체협약 모두 시정

그가 노조위원장에 당선된 후 그때까지 어용화되어 있던 노조가 회사와 협약한 잘못된 단체협약을 모두 시정하고 열악한 임금을 현실화시킨 후 1년여 동안 100여 회에 걸친 문건을 발송하면서 조합원들의 권익을 보호하고, 개인택시면허 신청 후 노조위원장직과 회사를 사퇴한다.

사회쟁점사항 신문보도

한겨레신문 1990.12.02. (일요일)

'죽은 산업평화'위한 지침 법원서도 확인된 '엉터리'
노동자 탄압 수단으로 남발 1990.12.02. 한겨레신문 (사설)

이번 대법원 전원합의체 판결을 계기로 노동부가 자신의 위상을 올바르게 정립하기를 바란다. --그 첫 작업은 그동안 엉터리 지침들을 남발했던 책임자들이 물러나고, 또 그동안 정당한 노동운동을 탄압하는데 근거로 제공되었던 엉터리 지침들을 바로 잡는 것이어야 한다. 김×수 변호사

노동부는 왜 이러는가? 장관의 퇴진을 촉구한다 1990.12.06.(목요일)

-노동부의 이런 반헌법적인 행정시책은 기업주의 노골적인 부당노동행위를 조장하는 결과를 맞고 있나-
-노동부는 정말 왜 이러는가? 노동부는 고유 기능마저 내팽개친 채 역기능만 자행하고 있다. 파행으로 치닫는 노동행정을 바로 세우기 위해서라도 **최×철 노동부장관은 퇴진해야 한다.**

한겨레신문 1991.07.25.(목요일)

해고효력 다투는 노동자 조합원 자격논란 법정비화 조짐
문화방송노조 "노동부지침 위법성 밝히겠다"

조×환 문화방송노조 고문변호사는 "노동조합법 제3조 4호가 노동조직을 보호하는 것이지 개별 노동자를 보호하는 조항이 아니라는 노동부 주장은 도저히 납득할 수 없는

것으로 대법원 판결에도 불구하고 위법적 지침에 따라 사용자가 교섭을 기피하는 행위는 명백한 불법이며 행정소송을 통해 그 위법 부당성을 입증할 계획"이라고 밝히고 있다.

사회쟁점사항에 대한 대법원판결 신문보도 1992.04.09. (목요일)

동아일보, 중앙경제신문, 한겨레신문, 등
채달기의 **대법원판결(해고근로자도 '구제신청'중엔 여전히 조합원)** 이라는 보도가 일제히 게재되었다.

문화방송노보 1992.04.09. (목)
해고자도 '구제신청'하면 여전히 조합원
대법원, 건양 해고자 채달기씨 조합원 인정 판결
최노동 회사, 안위원장 자격부인 교섭거부 억지 재확인

-노동부 지침에 따라, 해고된 안×일 위원장의 조합원 자격과 위원장 자격을 부인하며 조합 측과의 단체교섭 등을 기피 했던 회사 측의 입장은 이번 판결을 계기로 법적 근거를 잃게 됐다 -

노동자신문 1992.04.17.(금요일)
대법원의 노조법 3조4호 단서규정에 대한 입장
'해고 효력 다투는 한 종전지위 보장'
노동부지침에 재차 쐐기... 위법 부당성 증명된 셈

-노동부는 지난 90년 최×철 당시 장관 시절에 낸 업무 지침과 그동안 각 회사나 노조의 질의에 대해 '해고 효력을 다투는 자는 당해 회사 근로자나 조합원으로 볼 수 없다'는 유권해석을 내려 이를 현재까지 고수함으로써 정×광 위원장 시절의 서울지하철노조, MBC 노조, 대우캐리어노조 등 크고 작은 수많은 노조들이 노조 간부 구속·해고 후 대표권 시비와 조합원 자격 문제에 휘말려 회사 측의 교섭 기피와 탄압으로 정상적 노조 활동을 제약받아 왔다.

노동자신문 1992.04.17.(금요일)
'해고 효력 다투는 자'도 '조합원'

대법 판결, "해고자도 피선거권 있다"

-재판부는 판결문에서 "원고 채씨가 회사로부터 해고당했더라도 원심이 인정한 바와 같이 상당한 기간 내에 서울지방노동위원회에 부당행위구제신청을 하여 그 해고의 효력을 다투고 있었다면 위 법 규정의 취지에 비추어 피고 노조 조합원으로서의 지위를 상실하는 것이라고 볼 수 없으니, 회사의 해고 처분 때문에 원고가 피고조합의 위원장이 될 수 있는 자격이 없다고 할 수는 없다"고 밝혔다. 재판부는 또 따라서 "피고조합의 선거관리 위원장이 원고의 위원장 입후보등록을 거부한 것은
노조법 제3조 4호 단서의 규정과, 조합원의 균등한 권리와 의무를 정한 같은 법 제22조의 규정에 위반된 것이라고 하지 않을 수 없다"며 "원고의 피선거권을 위법하게 박탈한 채 실시한 피고조합의 위원장 선거는 무효"라고 원심파기 이유를 밝혔다.

이런 것이 진정한 노조다

그는 소규모 회사에서 어용화되어 있던 노조로부터 보호받지 못하고 두 번이나 해고되었으나 홀로 투쟁하여 두 번 모두 부당해고 판결로 복직하였고,

당시 노동부장관의 잘못된 지침을,
((구노동법 제3조, 4호 단서에 명백히 규정되어 있던 '해고의 효력을 다투고 있는 자를 근로자가 아닌 자로 해석하여서는 아니 된다'라는 법 규정(근로자가 사용자로부터 부당하게 해고 되었을 경우, 노동위원회나 법원 등에 구제신청 또는 소송중일 때에는 확정판결이 날 때까지 근로자의 신분이 유지된다.라는 규정)에 대하여,
당시 노동부장관이, "노동조합법 제3조,4호 단서는 '조직보호를 위한 것이지 개별 신분보호를 위한 것은 아니다'라면서 개별근로자가 해고의 효력을 다투는 사실과는 관계없이 해고조치로써 고용계약은 해지되며 근로자로서의 신분이 상실되므로 조합원으로서의 신분도 상실된다"라는 탈법적인 해석을 하여 산업체에 내린 지침으로, 본인은 노동부장관의 이 지침으로 회사로부터 해고되어 당시 어용 화 되어있던 노조로부터 노조위원장선거에서 피선거권을 박탈당하여 노조위원장 선거에 출마하지 못했음))

1992.3.31. 대법원판결(91다14413)로 철회시켜 노동 운동사의 한 장을 장식하였으며,

이후 두 번 해고 됐다가 두 번 모두 복직한 1년 후, 다시 말해 그가 노조위원장 선거에 출마하지 못하도록 해고당한 후 그를 제외한 채 실시한 노조위원장 선거를 대법원판결로 무효 시킨 후 다시 실시한 노조위원장 선거에 출마하여 노조위원장에 당선되었으며,

<u>노조위원장 당선 후 1년 동안 노조와 회사간 잘못된 단체협약을 민주적으로 개정하였고, 모든 불합리한 관행(예를 들어, 노동조합의 총무가 받는 급여가 노조위원장보다 월등히 많았는데, 이를 합리적으로 바로 잡는 등)을 개선하였고, 열악한 임금을 현실화하고 어용노조를 완전히 바로잡은 후 서울시에 개인택시면허 신청과 동시 회사를 사직하였다.</u>

그가 행한 이러한 노조 활동이야말로 이 시대 진정한 참다운 노조 운동이 아니겠습니까.

(개인택시면허신청은 서울시가 그의 노조위원장 근무기간을 근무연수로 인정하지 않고 제

외하여 개인택시 면허를 취득하지 못했는데, 그렇다면 그 전의 노조위원장들은 모두 개인택시 면허를 취득해서 운행 중인데 이는 무엇을 뜻하는 것일까요?
이에 대해서는 형평의 원칙에 어긋남에도 기왕에 취득한 개인택시 면허 자격에 문제가 됨으로 그가 양보하여 문제 삼지 않기로 한다.)

노동부장관의 잘못된 행정지침 철회 (개정)

노동부는 계속된 대법원의 판결(채달기의 승소판결)로 그동안 사회 쟁점 사항이었던 노동부장관의 잘못된 지침이었던 구 노동조합법 제3조 4호 단서의 지침을 철회키로 한다.

노동조합법 관련
주요 질의회시·행정지침

노동조합법 제3조 제4호 단서는 부당노동행위 구제신청을 하거나 법원에 해고무효 소를 제기하여 해고의 효력을 다투고 있는 경우에 근로자의 신분이나 노동조합원으로서의 신분을 계속 보유하는 것으로 보아 그 지위를 보장해 주려는데 그 취지가 있으므로 상당한 기간내에 해고의 효력을 다투고 있었다면 조합원으로서의 지위를 상실하는 것으로 볼 수 없다는 **대법원판결(91다 14413 92.3.31 채달기)과**
대법원판결(92 1579 '9011.27')의 취지 등에 따라 노동부장관의 잘못된 지침을 철회, 개정하기로 함.

노동부장관의 코를 납작하게 하다.

(본문은 인터넷이 생기기 전인, 1992.10.14. 국내 PC통신 하이텔의 '나도 한마디' 사이트에 당시 MBC문화방송의 '공정방송쟁취'를 위한 파업에 대한 본인의 뜻을 올린 글입니다)

드디어 결말이 나다.
노조법 제3조, 4호 단서에 명백히 규정되어 있는,
'해고의 효력을 다투고 있는 자를 근로자가 아닌 자로 해석하여서는 아니된다' 라는 법 규정이,

근로자가 사용자로부터 부당하게 해고되었을 경우, 노동위원회나 법원 등에 구제신청 또는 소송중일 때에는 확정판결이 날 때까지 근로자의 신분을 인정해야 한다. 라는 뜻인데도,

사용자의 꼭두각시인 노동부장관의,
"노동조합법 제3조,4호 단서는 '조직보호를 위한 것이지 개별 신분보호를 위한 것은 아니다'라면서 개별근로자가 해고의 효력을 다투는 사실과는 관계없이 해고조치로써 고용계약은 해지되며 근로자로서의 신분이 상실되므로 조합원으로서의 신분도 상실된다"
라는 탈법적인 해석과 지침으로,

MBC노조를 비롯한,
(위원장 안×일, 당시 해고 중에 실시한 노조위원장 선거에서 당선되었으나 위원장 당선후 시금까지 위의 같은 노동부장관의 탈법적 해석과 지침을 인용한 MBC가 안×일 노조위원장과의 대화 및 교섭을 기피하고 있었음)

지하철노조, 대학병원노조 등 전국의 수많은 근로자들에게 사주의 눈에 거슬리면 해고 또는 구속시켜, 일터를 빼앗고 생존권을 박탈하게 하는, 위법 부당한 행위를 자행하도록 진두지휘한 꼭두각시 노동부장관의 코를 납작하게 만든 확정판결이 났습니다.

(그가 1989.10.22. 미8군 용역회사인 건양기업주식회사 대표이사 김×호, '아리랑택시사업소 사업소장 정×영'으로부터 임금협상 등의 노조활동을 이유로 부당해고 된 후 4개월 뒤인 1990. 2. 20. 실시한 노조위원장 선거에서 그는 회사로부터 해고되었

기 때문에 노동부장관의 위법 지침에 의하여 조합원의 자격이 없다는 이유로 어용화 되어있던 노동조합으로부터 피선거권이 없다면서 노조위원장 선거에 출마할 자격을 박탈당했음)

본인이 1990. 4. 21. 서울민사지방법원에 소 제기한,
본인을 강제로 제외시킨 채 실시한 노조위원장선거 무효소송에서,
1심과 2심에서 각각 기각된 것을 1992.03.31. 대법원에서 본인의 승소로 판결, 서울고등법원에 파기 환송되어 재심 끝에, 본인을 강제로 제외한 채 선거를 실시한 후 31개월 만인 1992. 9. 23. '해고의 효력을 다투고 있는 본인을 제외한 채 실시한 노조위원장선거는 무효'라는 본인의 청구를 인용하는 확정판결이 난 것입니다.

　이리하여 노동부장관이 국회에서조차 탈법적인 해석으로 답변한 것이 위법이었으며 모든 근로자와 국민을 우롱, 기만한 행위였음을 입증하게 되었고,
　구,노동조합법 제3조,4호의 단서인,
'해고의 효력을 다투고 있는 자를 근로자가 아닌 자로 해석하여서는 아니 된다'라는 해석을 명백하게 재확인시켜준, 정의가 승리한 쾌거였습니다.

　이상과 같은 법의 심판이 명명백백하게 판결이 난 이상,
MBC가 해고 중에 노조위원장에 선출된 안×일 위원장에게 근로자와 조합원임을 인정하지 않고 대화를 기피하고 있는 행위를 즉각 중지하고, 안×일 위원장과의 대화와 교섭에 임해야 될 것이며, 그렇지 않은 상황에서 노조의 업무복귀만 유도하는 것은 제삼 국민을 호도하는 행위이며,

　기존 단체협약에 명시되어 있는 공정방송을 위한 제도적 장치인 '보도, 편성, 기술국장을 사원들이 3배수로 추천하고 회사가 선택해서 임명한다' 라는 기존 협약조항을 삭제하려 하는 사고는, 5공 이후 공정방송을 열망하는 대다수 국민의 뜻을 정면으로 거부하는 전 근대적, 유치하기 짝이 없는 졸렬한 행위입니다.

MBC 문화방송은,

1. 공정방송 쟁취를 위하여 애쓰다가 구속된 노조원을 즉각 석방토록 조처하고,
2. 기존 단체협약을 준수하고, 공정방송 실천을 위하여 최선을 다하고, 국민의 방송을 하루속히 정상화 시키고,
3. 부당하게 해고한 조합원을 즉각 원직에 복직시키고, 적법하게 선출된 안×일 위원장과의 대화와 교섭에 임하도록 촉구하는 바입니다.

그렇지 않고, 국민의 소리를 귀담아 듣지 않을 경우, 양식 있는 대다수 국민들의 분노가 그들을 용서치 않을 것임을 확신합니다

공정방송 쟁취를 위해 온 국민을 대신하여 고생하시는 MBC 노조원들과 그 가족에게 감사드리며, 끝까지 싸워 공정방송을 쟁취하여 주시기를 간절히 바라는 바입니다.

- 채 달 기 -

제 7 편 사회의 잘못된 관례 개선

취약자의 개인택시 면허발급 도움

서울시에 개인택시면허발급 신청을 했다가 탈락한 사람들로부터 도움을 요청받아 6명을 서울고등법원에 제소하여 승소하고 1명을 대법원에 상고하고 승소하여 모두 7명에게 개인택시 면허를 발급받게 해 주었다.

잘못된 자동차 방지턱 철거

성남시 분당구에 있는 탄천에 자동차 방지턱이 있었는데, 새벽에 자전거로 운동하러 탄천에 갔다가 뚝방에서 탄천으로 내려오는 끝 다리 밑에 자동차 방지턱을 보지 못하고 방지턱에 부딪혀서 안면에 다섯 바늘을 꿰매는 상처를 입게된 그는 아무리 생각해봐도 탄천에 자동차 방지턱을 설치하여 자전거로 운동하는 하루에도 수많은 사람들에게 불편을 끼치는 것이 잘못이라는 생각에 성남시장을 상대로 탄천에 설치한 자동차 방지턱 철거 및 손해배상 소송을 하였고,

1심[37]에서 패했으나 2심[38]에서 승소하여 자동차 방지턱을 철거시켰고 100만 원의 치료비를 보상 받게된다

---

[37] 목록15)-3 자동차 방지턱 철거 소장
[38] 목록15)-4 자동차 방지턱 철거 항소장

제 8 편 나락으로 떨어지다

개인택시면허신청 부당하게 탈락

회사는 그에게 노조워원장의 근무 기간을 근속기간에서 제외하도록 서울시에서 나온 조사관을 종용하여 그의 개인택시 면허신청을 탈락하게 함 (개인택시면허신청에서 노조위원장 근무 기간을 제외하여 개인택시면허신청에서 탈락하게 한 문제는 명백히 잘못된 것이었으나 이를 문제 삼으면 이전의 노조위원장들이 모두 개인택시면허를 받아서 운행하고 있는 것에 불이익이 갈 것이므로 그는 이들의 불이익을 생각하여 이를 문제 삼지 않기로 하고 개인택시면허를 포기함)

제 9 편 배드민턴 클럽

봉은배드민턴 클럽

개인택시면허를 포기한 그는 한가한 날들을 달래기 위해 관내에 있는 봉은사 옆의 봉은배드민턴클럽에 회원 가입하여 배드민턴 운동을 열심히 하고 있던 중 일부 클럽 임원들의 시기에 의한 이유로 명예훼손과 더불어 부당하게 제명[39]되다.

형사사건

고소1

부당하게 제명하면서 공고한 명예훼손에 대하여 그는 2009.06.01. 서울강남경찰서에 명예훼손으로 고소[40]하다.

---

[39] 목록12)-1 2009.05.14. 제명공고에 대한 반박
[40] 목록12)-2 2009.06.01. 고소장1 제출

고소2

1차 고소장 제출 후 문서를 위조하여 재판부에 제출한 것을 발견하여 추가로 고소[41]하다.

고소취하

2009.9.23. 서울강남경찰서에 고소인을 비롯하여 피고소인들과 피고소인들의 남편들을 비롯한 피고소인들의 측근들 여러명이 합석한 자리에서 담당조사관(경제2팀 이×근)으로부터 대질조사를 받았는데,

대질조사 과정에서 피고소인들이 기소되어 처벌받을 것이 예상되자,

<u>피고소인 송×순의 남편인 소외 용×영이 조사관에게 합의금으로 금 300만원</u>까지 지불 할 용의가 있다고 제안하였으나,

고소인은 고소(苦笑)를 금치 못하면서 사람 잘 못 봤다고 하며 돈이 목적이 아니라, 피고소인들이 진정으로 잘못을 뉘우친다면 고소인들이 납득할 수 있는 사과문을 피고소인들이 고소인들에게 명예를 훼손한 공고문을 공고한 기간과 똑같은 기간인 24일간 공고한다면 그냥 깨끗이 고소를 취하해 주겠다고 하였는데,

피고소인들이 깊이 반성하고 고소인들의 훼손된 명예를 회복시키기 위해 24일간 사과문을 공고하겠다고 하였고,

피고소인들이 전과가 없는 데다 이유야 어떻든 고소인으로 인하여 피고소인들에게 전과의 기록을 남기는 것은 바람직하지 않다고 생각하여 고소인은 아량을 베풀어, 준다고 하는 돈을 거절한 채 2009.9.24. 고소를 취하하여 피고소인들에게 전과의 기록을 면하게 해주었다.

민사사건

소장 (부당제명무효)

봉은배드민턴클럽 임원들로부터 부당하게 제명당한데 대하여 그는 2009.05.18. 부당제명무효확인 등 청구의 소[42]를 제기하다.

---

[41] 목록12)-3 2009.06.15. 고소장2 제출
[42] 목록12)-4 2009.05.18. 부당제명무효확인 등 청구의 소

봉은배드민턴클럽 회원복귀

그가 부당제명무효 소에서 부당제명으로 승소하여 클럽 회원으로 복귀하였다.

신림배드민턴 클럽

이후 거주지를 서울시 관악구로 옮기면서 인근 신림배드민턴클럽에 가입하여 운동하게 되었는데 동료 회원들과 복식으로 나누어 운동하던 중 상대편에서 날린 셔틀콕에 눈을 맞아 수술까지 하게 되는 큰 사고가 발생하였으나, 사고 당시 상대방이 미안해할까 봐 수술비는 신경 쓰지 말라고 오히려 그가 위로를 했음에도 상대방은 피해자에 대한 마음의 위로가 없기에 그는 너무도 괘씸하여 손해배상 청구를 하게 되었고 1심에서 패소하였으나 항소심에서 승소하여 200만원의 치료비를 보상받는 판례[43]를 남기다.

---

[43] 목록13)-1 2018나58570 제2-2민사부 2019.04.09. 판결

배드민턴 사고 가해자 손해배상

땅땅---오늘의 판결 항소심 재판부 서울중앙지법 민사2부 판결

2019.04.22. 조선일보 A10 (제30562호) 사회면에 게재되다[44]

---

[44]목록13)-4 조선일보 A10 제30562호 사회 2019년 4월 22일

'상해입은자의 심경을 전함'

   수 신   김 × 숙
   발 신   채 우 석

 수신인과 본인은 2017.9.27. 10시경 미성체육관에서 배드민턴 경기(3봉)중 수신인이 친 셔틀콕에 우측 눈을 맞아 다친 즉시 앞이 전혀 보이지 않고, 몹시도 아픈 아래와 같은 상해를 당했는데,
  (치료내용은, 상환 우안 인공수정체의 탈구, 유리체 출혈진단 하에 2017.10.31. 우안 인공수정체 제거, 유리체 절제술, 안내 레이져, 인공 수정체 공막 고정술 시행받고, 술후 상태에 대해 지속적인 경과 관찰 예정)

 사람이 자기로 인해 '눈이 빠지도록 아프다는 말' 그대로 많이 다쳤고, 다친 눈을 1개월 넘게 치료하다가 끝내 수술까지 하게 되었는데-
 고의가 아닌, 함께 운동하다가 다친 것이므로 가해자가 미안해할까 봐 치료비 등은 신경 쓰지 말라고 했지만, 그래도 수술까지 하게 되었을 때는 순간순간마다 전화라도 해서 함께 걱정하고 함께 아파하며 위로하고 격려하는 것이 사람의 도리이며 인지상정이 아닐까요?
 고의가 아니었지만 어쨌던 간에 가해자의 입장에선, 다친 사람이 수술 받으러 가면, 가기 전에 위로와 격려의 말이 있어야 할 것이고, 수술이 끝나면 바로 결과가 어떤지 물었어야 했고, 그다음 퇴원 일자를 물어보고 퇴원할 때쯤 다시 경과를 묻고, 퇴원 후에는 상태가 어떤지 또 다시 물어보고 위로하며 함께 아파하는, 이런 마음가짐이 보통사람이 취해야 힐 마음일 텐데,
 어찌 된 셈인지 가해자는 자신으로 인해 다친 사람이 수술한 다음 날인 11월01일 에서야 전화 한번 하고는 수술하고 5일후인 11월04일 퇴원해서 11월08일 까지 모르쇠로 일관하며 전화 한번 없으니-
다치고 나서부터 수술받고 난 지금까지 상처의 아픔과 정신적 충격으로 그 고통이 이만저만이 아니고, 트라우마 상태에 있는 사람에게 이렇게 무심한 사람이 어디 있을까?

최소한 다친 부위가 어떤 상태이며 어떤 수술인가, 하는 정도는 알아보아야 할 것이 아닌가요?

상처가 어떤지, 어떤 수술을 받았는지 알아볼 생각도 하지 않고 상처의 내용조차 전혀 모르고 있는 수신인은 도대체 어떤 사람인가요?

얼마나 도도하고 건방지면 이따위 행동을 하는가요?

가해자와 틈틈이 함께 배드민턴 운동을 하는 어떤 동호인은, 자기도 똑같은 상해를 입힌 적이 있었는데, 상대방에 대한 치료비를 100% 부담하였고, 처음부터 끝까지 함께 병원을 다니면서 간병을 했다고 합니다.

그런데 수신인은?

보통사람의 생각으로는 도저히 이해할 수 없는 이런 행동을 하고 있는 가해자에게, 미안해할까 봐 처음부터 치료비 같은 건 신경 쓰지 말라고 했으면, 고마워서라도 병문안은 오지 않을망정 수시로 전화라도 해서 안부를 묻는 것이 당연할 텐데도, 가해자는 고의가 아니었기 때문에 피해자에게 신경 쓰지 않는, 자신의 행동을 당연시 하고 있는 것 같은데,

이런 정도의 수준과 매너를 가진 사람이라면 앞으로 배드민턴 같은 운동을 해서는 안 됩니다. 왜냐하면 또다시 이런 사고가 일어나지 않는다는 보장은 없으며, 계속 운동을 한다면 또다시 누구의 눈을 다치게 할지도 모르니까-

퇴원한 후 11월09일에서야 체육관에서 처음 만나게 되었을때, 가까이 다가와서는 다친 쪽 우측 눈을 빠꼼히 한번 들여다보고는 이것으로 끝인데, (한마디 말도 없이)---

정말 어이가 없고 괘심하기 이를 데 없는 행동이다.

그리고서는 태연히 배드민턴을 치고 있으니 구역질 나는 그 모습을 볼 수가 없었다.

일말의 양심도 없는 가해자는 앞으로 본인 앞에서는 배드민턴 치는 모습을 보이지 말아야 할 것이오.

비록 고의가 아닌 상해였지만 가해자의 행위가 괘씸하기 짝이 없어 피해자의 심경을 전하는 바임.   2017. 11. 20.   채 우 석

제 10 편 다단계판매회사

주식회사 웰빙테크 입사

여러 사건을 겪으면서 일정한 수입이 없이 지내다가 은행 대출금의 이자를 감당하지 못했던 그는 지인의 소개로 다단계 회사인 주식회사 웰빙테크에 입사하여 활동하다가 한×숙이라는 강×구 여성회장을 지낸,

속된 말로 발이 넓은 여자 친구를 만나게 되어 함께 열심히 다단계 영업을 하였으나 끝내 성공하지 못했고 결국에는 대출 이자를 감당하지 못해 부동산을 경매로 날리게 되어 이로 인한 후유증으로 아내와는 이혼하게 되고 이후 그는 가족과 헤어져 홀로 외로운 생활을 하게 된다.

제 11 편   교통사고

소장 (손해배상)

2019.10.13. 13:00시경 그가 자전거를 타고 가다가 그의 뒤편에서 개인택시가 그의 자전거를 추월하며 우회전하면서 자전거 좌측 손잡이 부근과 좌측 팔과 어깨 및 허리를 충격하여 자전거가 좌측으로 넘어지면서 동시에 그의 신체 좌측 부분을 차에 받히고 넘어지면서 좌측 발목이 넘어진 자전거에 끼여 일어날 수 없는 지경이 되는 사고를 당하였으나 이후 가해자와 적절한 합의가 없어 서울중앙지방법원에 손해배상 청구 소[45]를 제기하다

답변서

피고는 원고의 청구를 기각해 달라는 답변서[46]를 제출하다.

준비서면

---

[45] 목록14)-1 손해배상 청구의 소 2019.11.07. 서울남부지방법원 2019가소 172469
[46] 목록14)-2 답변서 (피고)

2020.04.14. 준비서면 제출[47] (원고)

판결 (승소)

원고에게 2020.05.23.까지 100만원을 지급하라는 판결[48]이 나다.

제 12 편   기 타

종합소득세 등 부과처분취소 청구의 소 준비서면[49] (간주임대료) (1차)
종합소득세 등 부과처분취소 청구의 소 소장[50] (간주임대료) (2차)
소장 (자동차 방지턱철거)[51]
항소장 (자동차 방지턱철거)[52]

제 13 편   인생의 황혼길에서---

그는 인생의 끝자락에 접어들면서 또다시 본의 아닌 송사에 휘말리게 된다.

<u>그 첫째, 출생지와 출생일자의 허위 신고 정정 신청인데</u>,[53]

태어나면서부터 잘못된 출생신고(출생지)와 출생일자를 바로 잡기위해 서울동부지방법원에 **가족관계등록부 정정허가신청서(출생지 및 생년월일 정정)**를 제출하였으나,

담당 재판부는 신청인이 제출한 증거목록((신청인 父의 일본 교토부 소형 운전면허증에 기재되어 있는 주소지와 父의 교토시 협화회 회원증의 가족난에 기재되어 있는 생일인 21일 생으로 정정신청을 하였으나 이는 직접적인 증거가

---

[47] 목록14)-3 준비서면 2020.04.14
[48] 목록14)-4 조정을 갈음하는 결정조서
[49] 목록15)-1 준비서면 (간주임대료) 1차
[50] 목록15)-2 소장 (간주임대료) 2차
[51] 목록15)-3 소장 (자동차 방지턱철거)
[52] 목록15)-4 항소장 (자동차 방지턱철거)
[53] 목록16)-1 출생지와 출생신고일자 정정신청

되지 않는다는 이유로 기각하였으며,

그는 이에 불복하여 항고하였는데,

<u>1. 항고인(신청인)은 세계인권선언 전문에 반하여,</u>

    태어나자 마자 <u>항고인(신청인)</u>의 의지가 아닌 타의에 의하여 <u>항고인(신청인)</u>에 대한 존엄과 동등하고 양도할 수 없는 권리를 박탈당하여 일본국 교토시에서 태어난 출생지를, 조선국 경북 달성군 공산면 526번지에서 출생했다는 당치도 않은 허위 출생신고를 당했습니다.

<u>2. 또한 항고인(신청인)은 태어나자 마자 세계인권선언 조문 제1조에 반하여,</u>

    올바른 출생지의 신고를 위한 자유와 그 존엄과 권리에 있어 동등한 권리를 타의(부친과 삼촌)에 의해 박탈당하여 허위 출생지로 신고가 되었습니다.

<u>3. 그리고 세계인권선언 조문 제2조에 반하여,</u>

    항고인(신청인)의 출생 또는 기타의 신분과 같은 종류의 차별을 받고, 이 선언에 규정된 모든 권리와 자유를 향유 할 자격을 타의에 의하여 박탈당한 채 87년을 살아왔습니다.

등의 이유로 항고한다.[54]

<u>4. 상고장.</u> [55]

둘째, 휴대폰 화면고장에 대한 손해배상 청구 소 인데,[56]

    삼성전자 휴대폰 폴드3 화면의 자연고장으로 화면의 가운데 접히는 부분이 일자로 검게 변하기 시작하여 전체가 새카맣게 변하여 사용할 수 없게 되었는데 이는 제조회사의 제조 결함으로 마땅히 제조사인 삼성전자에게 책임이 따르는 것으로 삼성전자에서 수리를 해 줘야함에도, 삼싱전자 측에서는 보증기간 2년 경과로 60만원이 넘는 수리비를 소비자가 부담해야 한다는 엉터리 책임 전가를 하여 할 수 없이 손해배상 청구를 하게 되고, 이에 거부하는 제조회사의 답변서[57]에 대하여 준비서면[58]으로 이어진다.

---

[54] 목록16)-2 항고장 (출생지와 출생신고일자 정정신청)
[55] 목록16)-3 상고장 (출생지와 출생신고일자 정정신청)
[56] 목록17)   휴대폰 손해배상 청구의 소
[57] 목록18)   답변서
[58] 목록19)   준비서면

목록1)-1 부당노동행위 구제신청서 1989.11.07. 서울특별시지방노동위원회 (서노위)

(서식제1호) **부당노동행위구제신청서 (초심·재심)**

(노위규칙 제39조 참조)

신 청 인 (재심신청인)	명 칭	건양기업(주) 운수노동조합
	성 명	채 달 기
	주 소	서울 성동구 성수2가2동 36-293
피 신 청 인 (재심피신청인)	명 칭	건양기업(주) 아리랑택시사업소
	성 명	대표이사 김 × 호
	주 소	서울 용산구 이태원동 34
청 구 할 구 체 내 용	원 직 복 귀	
부 당 노 동 행 위를 구 성 하 는 구 체 적 인 사 실	노 동 조 합 법 제 39 조 제 ( ) 호 제 ( ) 호 제 ( ) 호 위 반	
첨 부 서 류	경 위 서 참 조	

1989 년 11 월 07 일
신 청 자 직 성 명 채 달 기 ㊞

서울특별시지방노동위원회 위원장 귀하

목록1)-2 구제신청

구 제 신 청

신 청 인 　　　　　채 달 기
주　　소 　　　　　서울 성동구 성수2가2동 36-293

상기 본인은 1987.12.10.부터 용산구 이태원동34 건양기업(주) 아리랑택시 사업소 운전원으로 근무 중 1989.04.28. 대의원 당선 이후 노조 간부(조사통계부장)로서 임금협상 등 여러 가지 조합 활동을 하던 중 별첨과 같은 사유로 1989.10.22.자로 회사로부터 면직당하였는바 노동조합법 제40조에 의하여 구제 신청을 하오니 엄중히 조사하여 주시기 바랍니다.

첨 부 서 류 　　1. 경고장 1부
　　　　　　　　2. 출석요구서 1부
　　　　　　　　3. 징계의결통지서 1부
　　　　　　　　4. 경위서 외 조합활동에 관한 서류 1절

　　　　　　　　　　　　　　　　　　　　1989. 11. 07.
　　　　　　　　　　　　　　　　　　위 신청인 채 달 기

서울지방노동위원회 　귀중

목록1)-3 명령서 (89 부해 314) 서울지방노동위원회

서울지방노동위원회
명 령 서

89 부해 314

신 청 인   서울특별시 성동구 성수 2가 2동 36-293

                            채   달   기

피신청인   서울특별시 용산구 이태원동 34

                            건양기업 ㈜ 아리랑택시 사업소

                            대표이사 김   ×   호

위 당사자간 부당해고 구제신청 사건에 대하여 당위원회는 이를 심사하고 주문과 같이 결정한다.

주 문

1. 본건 신청은 이를 부당해고로 판정한다.
2. 피신청인은 신청인을 원직에 복직시키고 해고기간 동안의 임금상당액을 지급하여야 한다.

이 유
-이하생략-

1989 년 12 월 21 일

서울특별시지방노동위원회

공 익 위원회의

의장   공 익 위 원   권 × 용

            공 익 위 원   신   홍

            공 익 위 원   권 × 현

목록2)-1 재심신청

재 심 신 청

사 건 명	부당노동행위구제 신청사건
관련근거	서울특별시지방노동위원회 89 부해 314
신 청 인	서울특별시 용산구 이태원동 34
	건양기업(주) 아리랑택시사업소
	대표이사 김 × 호
피신청인	서울특별시 성동구 성수2가 2동 36-293
	채 달 기

신 청 취 지

위 사건 경위는 당사 아리랑택시사업소 운전원으로 1987.12.10.부 입사한 피신청인 채달기가 재직중에 회사 규정을 도외시하고, 기업의 존립에 영향을 미치는 언행을 서슴치 않았으며, 영업실적 저조에 따른 구두 경고와 서면 경고를 하였음에도 불구하고 본연의 직무에 충실하지 않았고 근로계약 의무를 소홀히 함으로써 당 사업소 인사위원회는 징계 절차에 따라 부득이 1989.10.22.부 면직 의결하고 본인에게 서면 통보한 사실에 대하여 피신청인 채달기는 1989.11.07.부 서울지방노동위원회(이하 "서노위"라 한다)에 부당노동행위 구제신청을 접수시켜 당사는 서노위로부터 출석요구와 함께 부당노동행위 구제신청에 대한 답변서 제출을 요구받고 면직 사유와 그 사실을 입증할 제반 서류를 제출한바, 사건을 관장한 서노위는 객관적 사실보다 주관적 안목과 부당노동행위 구제신청인 채달기 위주의 편견으로 시종일관 조사하였을 뿐 아니라 본 사건은 부당노동행위 구제신청 사건임에도 불구하고 서노위는 부당해고 구제사건으로 일방적으로 변경(별첨참조)시켜 원직 복직으로 판정한 것은 명백히 재량권의 한계를 벗어난 결정 권한이므로 노동조합법 제43조1항에 의거 중앙노동위원회에 재심 신청하오며, 서노위의 부당한 원직 복직 판정을 취소하여 줄 것을 구합니다.

신 청 이 유

-이하생략-

첨부서류

-이하 생략-

1990. 02. 20.

위 신청인 건양기업(주) 아리랑택시사업소

대표이사 김 × 호

목록2)-2 재심판정서   (90구 부해30) 중앙노동위원회

중 앙 노 동 위 원 회
재 심 판 정 서

90 부해 30

        재심신청인   서울특별시 용산구 이태원동 34
                        건양기업(주) 아리랑택시사업소
                        대표이사 김 × 호

        재심피신청인   서울특별시 성동구 성수 2가2동 36-293
                        채 달 기

위 당사자간 부당해고구제 재심신청사건에 관하여, 당 위원회는 이를 심사하고 주문과 같이 판정한다.

주 문

본 건 재심신청은 이를 기각한다.

이 유

-이하생략-

                                              1990. 5. 25.

중 앙 노 동 위 원 회
공 익 위 원 회 의

의장 공 익 위 원   김 × 덕

공 익 위 원   김 × 경

공 익 위 원   박 × 기

목록3)-1 보조참가신청 (90구 9744) 서울고등법원

보 조 참 가 신 청

원 고　　　　건양기업주식회사
　　　　　　　대표이사 김 × 호
피 고　　　　중앙노동위원회위원장
피고보조참가인　채 달 기
주 소　　　　서울특별시 성동구 성수2가2동 36-293

참 가 취 지

위 당사자간의 부당해고구제 재심신청기각판정 취소청구 사건에 관하여 피고보조참가인 채달기는 피고 중앙노동위원회 위원장을 보조하기 위하여 위 소송에 참가하고자 하오니 결정하여 주시기 바랍니다.

참 가 이 유

위 사건에 있어서 원고는 피고보조참가인 채 달 기에 대한 본건 해고가 부당해고가 아니므로 피고가 한 부당해고구제 재심신청기각 판정의 취소를 구하고 있는바, 피고보조참가인은 해고의 직접 당사자로서 위 사건의 경위를 누구보다도 잘 알고 있을 뿐만 아니라 본건 소송의 결과에 대하여 사실상, 법률상 이해관계를 가지고 있으므로 피고를 보조하기 위하여 본건 보조참가 신청에 이르렀습니다.

1990. 10. 18.

위 피고보조참가인 채 달 기

서울고등법원 특별8부 귀중

목록3)-2 증인신문조서 등본 신청 (90구 9744)   서울고등법원 특별8부

증인신문조서등본신청

90구 9744

    원고   건양기업주식회사
          대표이사 김 × 호
    피고   중앙노동위원회위원장
    피고보조참가인 채 달 기

부당해고구제 재심신청기각판정 취소 청구사건

 위 사건 1990.11.14. 14:00시에 실시한 변론 중 증인(최×주)에게 신문한 조서 등본을 신청하오니 발급하여 주시기 바랍니다.

                1000. 11. 15.
             위 참가인 채 달 기

서울고등법원 특별8부 귀중

목록3)-3 고소장 (최×주)

고 소 장

고소인   채 달 기
주 소   서울특별시 성동구 성수2가2동 36-293

피고소인   건양기업주식회사
          영업주임 최 × 주
주 소   서울특별시 마포구 도화동 541

(위증 관련)
---피고소인은 승객이 약 5분 정도 기다린 것을 1시간 30분 동안 지체하며 승객을 기다리게 했다고 거짓 증언을 한 것입니다.---
-이하생략-

첨 부 서 류
-이하생략-

　　　　　　　　　　　　　　　　　　　　　1990. 11. 26.
　　　　　　　　　　　　　　　　　　　위 고소인 채 달 기

　　서울지방검찰청 귀중

목록3)-4 준비서면

준 비 서 면

90구 9744

　　　　원 고　　건양기업주식회사
　　　　　　　　대표이사　김 × 호
　　　　피 고　　중앙노동위원회위원장
　　　　피고보조참가인　채 달 기

위 사건에 관하여 참가인은 다음과 같이 변론을 준비합니다.

다　　음

1. 원고가 제출한 소장의 청구원인 1.에서 "---소외 채달기는 1987.12.10. 원고회사 운전기사로 입사하여 1989.07.27.자 사직원을 제출한 바 있습니다."라고 주장하고 있는바, 이는 터무니 없는 주장이고 참가인은 사직서를 제출한 적이 없으며 이에 대하여 원고회사 총무과 윤×운에게 확인한 결과 "원고의 잘못임을 인정한다."라는 답변을 받았습니다.

2. 참가인의 징계사유에 대하여,
-이하 중략-

3. 1990.11.14.14:00시에 속개된 증인신문에 관하여 살펴보면,
-이하 중략-

이상과 같이 원고는 참가인을 부당하게 해고 시킨 것이 여러 가지로 입증이 되는데도 불구하고 원고의 처사를 정당화시키기 위하여 시시각각으로 그 주장을 달리하고 있으나 진실은 절대로 숨길 수 없으며 밝혀진다는 사실을 확신하는 바입니다.

　　　　　　　　　　　　　　　　　　　1990. 12. 12.
　　　　　　　　　　　　　　　위 피고보조참가인　채 달 기

서울고등법원 특별8부　귀중

목록3)-5 고소장 (정×영)

고 소 장

고소인   채 달 기
주 소   서울특별시 성동구 성수2가2동 36-293

피고소인   건양기업(주) 아리랑택시사업소
          사업소장 정 × 영
주   소   서울특별시 용산구 이태원동 34

(위증교사 관련)

  피고소인이 중앙노동위원회(이하"중노위"라함)의 행정명령에 불복하여 서울고등법원에 제기한 행정소송 중 1990.11.14.14:00시에 속개된 변론에서(90구9744) 증인 채택한 최×주로 하여금 거짓 증언까지 하도록 하였습니다.(증인신문조서 별첨)
-이하중략-

  이상과 같이 피고소인은 고소인을 부당하게 해고시킨 것이 여러 가지로 입증이 되는데도 불구하고 지금까지 1년 2개월이 지나도록 그의 잘못을 뉘우치기는 고사하고 피고소인의 불법, 부당한 행위를 정당화 시키기 위하여 이처럼 야비하게 증인까지 내세워 상식 이하의 위증까지 하도록 하며 여러 사람을 괴롭히고 있습니다. 이렇게 악랄하고 비열한 피고소인을 엄벌하여 처벌하여 주시기 바랍니다.

첨 부 서 류
-이하생략-

                                    1990. 12. 27.
                                 위 고소인 채 달 기

    서울지방검찰청 귀중

목록3)-6 서증조사 신청

서 증 조 사 신 청

90구 9744

   원 고 건양기업주식회사
       대표이사 김 × 호
   피 고 중앙노동위원회위원장
   피고보조참가인 채 달 기

 위 사건에 관하여 참가인은 증인이 **위증한** 사실을 입증하기 위하여 다음과 같이 서증조사를 신청합니다.

다 음

1. 서증의 표시
   서울지방검찰청 사건번호 1990년 형제111669호
   최×주에 대한 사건기록 일체
2. 서증의 소재
   서울지방검찰청 524호실

              1991. 04. 11.
             위 참가인 채 달 기

서울고등법원 특별10부 귀중

목록3)-7 고소취하장

고 소 취 하 장

고소인   채 달 기
주 소   서울특별시 성동구 성수2가2동 36-142
피고소인 건양기업주식회사
          대표이사 김 × 호
주 소   서울특별시 용산구 이태원동 34

본인은 1990.07.02. 귀청 1990년 형제60485호 사건에 위 김×호를 상대로 부당노동행위와 노동조합법 제42조 위반행위로 고소한 고소인 채달기입니다.

위 사건에 관하여 피고소인은 1991.04.01.부로 복직을 결정하였고, 고소인은 복직통지서를 1991.04.08. 수취하였습니다.

피고소인은 그의 잘못을 인정하고 고소인을 복직 시켰으므로 본 고소인은 더 이상 피고소인의 처벌을 바라지 아니하므로 고소취하장을 제출합니다.

1991. 04. 13.
위 고소인 채 달 기

서울지방검찰청 검사장 귀하

목록3)-8 항소취하장

취 하 서

90구 9744호

　　　　원 고　　건양기업주식회사
　　　　피 고　　중앙노동위원회 위원장
　　　　피고보조참가인　채 달 기

　위 당사자 간의 부당해고구제 재심신청 기각 판정취소 청구사건에 관하여, 원고는 동 사건에 대한 소송행위 일체를 취하하나이다.

　　　　　　　　　　　　　　1991.　　　5.

　　　　　　　　　　　　위 원고 소송대리인

　　　　　　　　　　　　　변호사　김　×　만

　　　　　　　　　　　　　동　　　임　×　렬

시울고등법원
　특별제10부　귀　중

　　　　　변호사 김 × 만 법률사무소
　　　　　　전화 : 5××-8××~3

　（※전관예우 관련 **변호사** 수임）

목록4)-1 해고무효확인 등 청구 소장 서울민사지방법원 90가합 46531

소　　　장

　　원고　　채　달　기
　　피고　　건양기업주식회사
　　　　　　대표이사 김 × 호

해고무효확인 등 청구의 소

　　　　소송물가액　　　금　17,500,100 원
　　　　첨부인지액　　　　금　　　87,820 원
　　　　송　달　료　　　　금　　　24,000 원

서울민사지방법원　귀중

소　　　장

원고　채　달　기
주소　서울특별시 성동구 성수2가2동 36-293
피고　건양기업주식회사
　　　대표이사 김 × 호
주소(본사)　서울특별시 마포구 도화동 541
　(사업소)　서울특별시 용산구 이태원동 34

'해고무효확인 등 청구의 소'

청 구 취 지

1. 피고가 1989.10.22. 원고에 대하여 한 해고는 무효임을 확인한다.
2. 피고는 원고에게 금 1천만원 및 위 금원에 대한 본 소장 송달된 다음 날부터 완제일 까지는 연2할5푼의 비율에 의한 금원과 1990.07.05.이후 복직시킬 때까지 매월15일에 금 50만 원씩을 지급하라.
3. 소송비용은 피고의 부담으로 한다.
4. 위 제2항은 가집행 할 수 있다.
라는 판결을 구합니다.

청 구 원 인

1. 원고는 1987.12.10.부터 피고가 경영하는 서울특별시 용산구 이태원동34 소재의 건양기업주식회사 아리랑택시 사업소에서 기사로 고용되어 근무 중 1989.10.22. 피고로부터 부당해고 된 근로자입니다.
2. 피고는 원고가 노동조합 대의원과 조사통계부장으로서 노사협의와 임금협상 위원으로 회사의 부당하고 불합리한 문제들을 시정 하기 위하여 정당하고도 적극적인 노조 활동을 한 보복으로, 또한 차기 노조위원장 선거에 원고의 출

마를 막기 위하여 해고의 사유도 되지 않는 영업실적 저조, 차량사고 은폐, 고객 승차거부 등의 당치도 않는 이유를 들어 원고를 부당하게 해고하였습니다.

이와 같은 피고의 부당노동행위에 대하여 원고는 1989.11.07. 서울특별시지방노동위원회(이하'지노위'라함)에 부당노동행위 구제신청하고 같은 해 11.27. 부당해고 구제신청으로 청구 취지를 변경 신청하여 같은 해 12.21. 동 지노위에서 부당해고로 판정 원고를 복직시키고 해고기간 동안의 임금 상당액을 지급하라는 명령서가 1990.02.09. 통보되었으나 피고는 원고에게 원직복직과 임금 상당액을 지급하지 아니하고 지노위의 명령에 불복하여 같은 해 02.20. 중앙노동위원회(이하'중노위'라함)에 재심 신청하여 같은 해 06.04. 중노위로부터 기각 판정을 받았습니다.

3. 이와 같이 위 해고는 부당해고로써 당연 무효이며 피고에게 책임 있는 사유로 원고가 노무를 제공하지 못했기 때문에 피고는 원고에게 소정의 임금을 지급할 의무가 있다고 하겠습니다.

4. 또한 위 부당해고로 인해 원고는 1990.02.20. 실시한 노조위원장 선거에서 별첨한 사유서와 같이 당시 어용 화 된 노동조합에 의하여 원고는 노조위원장 출마의 기회를 강제로 박탈당하였고 이어서 1990.02.09. 지노위의 복직명령서를 첨부하여 당시 진행 중이던 노조위원장 선거에 원고가 참여할 수 있도록 해달라는 요지의 통고서를 1990.02.11. 내용증명 우편으로 통고하였으나 끝내 묵살 당하는 등 원고가 침해당한 불이익은 돌이킬 수 없는 사실이 되었으며 침해당한 권익을 찾기 위하여 노조위원장 선거 무효소송을 제기하여 현재 진행중에 있는 등 원고는 피고의 부당해고로 인하여 2중, 3중의 피해를 입고 있으며 이로 인한 정신적, 물질적 피해와 명예훼손 등은 그 무엇으로도 보상받을 수 없게 되었습니다.

4. 원고는 위 부당해고로 인해 생계유지를 위협당하고 조합원으로서의 권리를 침해당하는 등 심각한 심리적 고통과 명예훼손 등의 피해를 받고 있으며 위 불법행위로 입은 원고의 정신적, 물질적 고통과 명예훼손 등을 위자함에는 1989.10.22. 이후 현재까지의 임금상당액 포함하여 금 1천만 원이 상당하다

하겠습니다.

이는 근로자에게 사형선고나 다름없는 부당해고를 하여 경제적으로 어렵게 만들어 생활의 고통을 주는 야만적 행위를 한데 대하여 최대한의 위자료를 부과함으로써 악덕 기업주로 하여금 다시는 근로자들에게 부당해고 같은 전 근적이고 시대착오적인 행위와 동료들에게 시범케이스로 위협을 가해 조합 활동을 위축시키려 하는 야비한 행위를 근절시키기 위해서 그 본보기가 되어 마땅하다고 사료됩니다.

6. 따라서 원고는 피고가 1989.10.22. 원고에 대하여 한 해고의 무효확인을 구하며 또 피고는 원고에게 위 위자료 금 1천만 원 및 이에 대한 본 소장 송달 다음 날부터 완제일 까지는 연2할5푼의 비율에 의한 지연손해금과 1990.07.05. 이후 원고를 복직시킬 때까지 위 해고통지를 받을 당시 지급되고 있던 월 평균 급여핵 금 ○○만 원과 이후 급여 인상분 및 기타 수입금 금 ○○만 원 합계 금 ○○만 원의 지급을 구하기 위해 이건 청구에 이른 것입니다.

입 증 방 법

갑제1호증의1	명령서송부 (지노위)
갑제1호증의2	명령서
갑제2호증의1	사건처리결과보고 (중노위)
갑제2호증의2	재심판정서
갑제3호증	사유서
갑제4호증	통고서
갑제5호증의1~3	각 급여지급명세서
갑제6호증	기타수입금내역

첨 부 서 류

위 입증방법 사본 각1부
소장부본 1부

납부서 1부
등기부등본 1통 (상대가 법인일 때 첨부해야 함)

1990. 07. 04.
위 원고 채 달 기

서울민사지방법원 귀중

목록4)-2 준비서면 1990.10.08.

준 비 서 면

90가합 46531

    원고 채 달 기
    피고 건양기업주식회사
    대표이사 김 × 호

위 당사자간 귀원 해고무효확인 등 청구사건에 대하여 원고는 다음과 같이 변론을 준비합니다.

다 음

1. 피고가 제출한 을제1호증에는 모두가 원고와는 아무런 관계가 없을 뿐 아니라 직접 고객과 계약관들로부터 문서로 경고까지 받은 사람들은 면직시키지도 않았고 모두 근무하고 있는데도 이런 것을 제출한 이유가 무엇인지 모르겠습니다.

2. 을제2호증에는 특별규정 제18조 계약종료(폐지)를 당하는 행위를,
B항:계약자가 고객의 불만이나 배상요구에 대하여 만족하게 해결해야 할 의무를 져버렸을 때는 계약 종료(폐지)한다.라는 조항을 보이고 있으며 그 취지는 피고가 중앙노동위원회에 재심신청 당시 이미 주장했듯이 원고에 대하여 아무 근거 없이 '원고의 승차거부 및 지시위반을 미8군 계약처 KOAX(코익스)로부터 심한 항의와 경고까지 받았으며 이는 명백히 미8군 계약처와의 계약 위반이 되어 중도 계약해지까지도 초래할 수 있는 사실을 감안 할 때 당 사업소의 존폐에 영향을 미치는 사건이므로 중징계 처분은 마땅하다'라고 주장한 것을 또다시 입증 하려는 듯하나 사실은 갑제2호증의2 재심판정서 10-7 페이지에서 위 주장이 거짓 주장이었음이 밝혀진 바 있습니다.

3. 을제3호증의 영업실적에 대해서는 원고의 실적이 (6,7,8) 3개월 동안 저조했다고 하는 주장 같은데, 인간은 기계가 아니므로 수입이 많은 날도 적은 달도

있는 것입니다. 특히 해고까지 시켜야 하는 중요한 기준이 필요하다면 더더욱 이나 연간실적을 계산해서 월평균 몇%이다, 이렇게 계산해야 될 것인데도 (6,7,8) 3개월만 지적하며 영업실적이 저조하다 하는 것은 이치에 합당하지 않는 논리입니다. 원고가 1989년 1월에서 해고되기 전 9월까지 9개월간의 실적은 아래와 같습니다.

월별	근무일수	월 총수입금	1일 평균수입금
1	19	$1242.85	$65.41
2	19	$1429.05	$75.21
3	20	$1590.70	$79.53
4	20	$1561.40	$78.07
5	21	$1468.50	$69.92
6	20	$1320.75	$66.03
7	21	$1354.65	$64.05
8	20	$1260.95	$63.04
9	20	$1510.65	$75.53
총 계		$12,739.50	$637.24
월 평 균		$1,415.50	$70.80
$ 58.00 대비			122%
$ 70.07 대비			101%

이상과 같이 9개월간 총수입 실적은 $12,739.50이고 월평균 $1,415.50이며 1일 평균실적은 $70.80입니다. 이 실적은 하루 수입금 기준인 $58.00에 비하면 (6,7,8) 3개월의 실적이 1개월도 저조한 것이 아니고 122%의 실적인 것입니다. 왜냐하면 $58.00 이상의 수입은 피고회사가 7, 운전원이 3 의 비율로 계산하여 나누는 능률급 수당으로 계산하여 지급하고 있었으므로 (일반회사에서는 회사가 4, 운전원이 6 의 비율로 계산함) 1일 수입금 기준은 $58.00인 것이며 회사가 임의대로 말하는 1일 수입금 $70.07를 기준으로 계산해도 1일

평균실적은 101%인 것입니다.

뿐만 아니라 피고는 을제3호증의 비고란에 원고의 공제시간 내역이라고 명시해 놓고 있으므로 얼핏 보면 임금 계산에 반영하여 계산한 것처럼 보이나 이 또한 거짓입니다. 비고란에 명시된 시간만큼 공제했다면 그 시간에 해당하는 만큼의 영업실적을 합해서 그달의 실적으로 계산 기록되어야 할 것인데 을제3호증에 명시한 실적은 원고가 실질적으로 근무하여 올린 실적과 똑 같습니다.

(이중 6월은 $11320.25가 아니고 $1320.75인데 기록착오로 인정함)

원고는 이렇게 거짓으로 제시하는 수치의 근거(임금계산)를 앞으로 별도로 요구하여 확인하겠으며, 당시 임금협상과 노조 간부회의 등의 조합 활동으로 을제3호증의 비고란에 명시되어 있는 시간과 같이 근무시간을 빼앗겨서 상대적으로 (6,7,8) 3개월간의 실적이 다른 달에 비해 약간 저조한 편이었으나 이를 이유로 3개월간의 실적표를 제시하며 영영 실적 저조라 하며 원고를 면직시킨 피고의 주장은 이유가 될 수 없는 것입니다.

4. 을제4호증에 의한 피고가 중앙노동위원회의 재심판정에 불복하여 서울고등법원에 제기한 소장의 청구원인 1에 의하면 소외 채달기는 1987.12.10. 원고 회사 운전기사로 입사하여 1989.07.27. 사직원을 제출한 바 있습니다. 라고 기술하고 있는데 원고가 제출하지도 않은 사직원을 제출했다고 거짓 주장하는 피고의 저의가 무엇인지 알 수 없는 바이며 피고 회사 총무과 윤×운에게 확인한 결과 피고 회사의 잘못임을 인정한다 라는 답변을 받았습니다.

            1990. 10. 08.

            위 원고 채 달 기

서울민사지방법원 42부 귀중

목록4)-3 증인신문신청 (증인 이상훈) (원고)

증 인 신 문 신 청

90가합 46531

　　　　　　　원고　　채 달 기
　　　　　　　피고　　건양기업주식회사
　　　　　　　　　　　대표이사　김 × 호

위 사건에 관하여 다음과 같이 증인신문을 신청합니다.

1. 증인의 표시　　　　성명　　이 상 훈
　　　　　　　　　　　주소　　경기도 하남시 초2동 174
2. 신문사항　　　　　　별지와 같음

　　　　　　　　　　　　　　　　　　　1991. 01. 03.
　　　　　　　　　　　　　　　　　위 원고 채 달 기

　　　　서울민사지방법원　귀중

(※ 본문 중 채달기의 송사 건에 적극적으로 협조하여 대법원판결에 일조를 한 대의원
　　이상훈 님에 대한 감사의 표시로 실명을 명기하였음을 양해 바랍니다.)

증인 이상훈 신문사항

90가합 46531

1. 증인은 언제부터 건양기업주식회사 아리랑택시사업소에서 운전원으로 근무하고 있습니까?

2. 피고가 주장하는 운전원 1일 수입 목표액 70불 07센트는 노사간 합의된 목표액입니까?

3. 노사 합의된 1일 수입금 목표액은 58불이었지요?

4. 58불 이상의 수입금에 대해서는 피고회사가 70% 운전원이 30%의 비율로 분배하는 능률급이지요?

5. 운전원이 영업 시작과 동시 작성하고 있는 차량 운행기록부는 영업시간 종료와 함께 마감하여 담당 영업주임의 확인 싸인을 받은 후 그날의 운송수입금을 입금하지요?

6. 차량운행기록부에는 승객이 승차하여 출발하는 시간과 목적지에 도착하여 하차한 시간 및 요금을 그때, rmEi마다 기록하는 것이지요?

7. 그러므로 원고가 1989.09.22. 피고 회사에 돌아와 차량사고 경위를 보고한 시간이 기록된 17시25분은 영업 마감 시간이 아니지요? (갑제7호증 제시)

8. 증인은 당시 사고차량 601호의 차주였었지요?

9. 당시 사고차량은 사진에서 보는 바와 마찬가지로 바퀴의 몰딩 부분을 약간 긁힌, 사고라 할 수 없는 아주 경미한 상태였기 때문에 운행과 미관상 아무런 지장이 없었으므로 정비 공장에 입고시킨 적도 없었을뿐더러 원고가 사고난 6일후인 1989.09.28. 외부 정비 공장에서 견적을 받을 때 까지 수리도 하지 않고 그대로 운행하였지요? (갑제8호증, 갑제9호증 제시)

10. 증인은 원고가 해고될 당시인 1989년도에 원고와 함께 대의원의 한 사람이었고 임금협상위원이었지요?

11. 그러므로 원고가 당시에 노조 대의원과 조사통계부장으로서 임금협상에서 주도적 역할을 하며 갑제12호증과 같은 노조 활동 사실들을 잘 알고 있지요? (갑제12호증 제시)

12. 피고가 원고를 해고시킨 근본적인 이유는 위와 같은 원고의 정당한 노조 활동에 대한 보복이었으며 차기 노조위원장 선거에서 원고를 배제 시키기 위한 계획적인 노동운동 탄압이었지요?

13. 증인은 원고의 실적율 보다 하위에 있는 12명 중 해고된 자가 있다고 생각합니까? (갑제14호증 제시)

14. 기타사항

- 이 상 -

※ (신문사항은 될 수 있는대로 신청인이 사실관계를 자세히 설명하고,
　　증인이 예, 아니요, 맞습니다, 틀립니다. 등으로 간단하게 답할 수 있도록 되어 있음)

목록4)-4 증인신문사항 90가합 46531 (피고 회사측 위증)

증 인 장×모 신 문 사 항

90가합 46531

1. 증인은 피고 회사의 안전 담당 직원이지요?
   언제부터 근무하고 있습니까?

2. 피고 회사는 1971.02.18. 설립된 회사로써, 주한 미군 및 가족들을 대상으로 택시운송사업(아리랑택시)을 경영하고 있지요?

3. 피고 회사는 미8군과 용역계약을 맺고, 주한미군 및 가족들을 상대로 하는 운송회사이므로, 그 사업의 특수성으로 인하여, 임직원 모두가 준법정신에 투철하여 관계 규정을 엄수하고, 업무수행에 최대한의 성실과 책임성을 강조하고 있지요?

4. 만약 운전사가 고객에게 승차거부를 하는 등으로 법규에 위반하거나, 불성실한 행동을 취할때는 미8군 교역처로부터 엄중한 항의를 받거나, 용역계약 해지 사태에까지 이르게 될 수 있는 것이지요?

(5항~14항 생략)

15. 근무자의 보통 일일 수입금은 위 목표액을 초과하는 것이 일반적이지요?

16. 근무자의 경우 영업실적은 보통 목표액의 115% 정도이지요?

17. 그런데, 원고는 언제나 일일 수입금액이 위 목표액에 미달하는 등 근무성적이 불량하지요?
    (을제12호증의 1내지 3 제시)

18. 그리하여 피고 회사는, 원고에게 영업실적 저조를 이유로 1차 구두경고를 하였으나 실적 향상이 없어 제2차 서면 경고를 하였지요?

19. 기타사항

변호사 김 × 만 법률사무소

전화 :   5××-8×××~3

(※전관예우 **변호사 위증 및 위증교사 건**)

(서울고등법원 부장판사 출신 전관예우 관련 변호사가 사건 상대방이 변호사가 아닌 나홀로 소송의 개인임을 우습게 보고 피고회사 간부를 시켜 위증하도록 교사한 것인데, 전관예우 관련 변호사는 본 위증교사 건으로 원고로부터 위증 및 위증교사에 대한 형사고소에 발목이 잡혀 수임한 여러 사건에서 변호사도 아닌 개인인 원고에게 패하는 수모를 당한 계기가 된 것임)

목록4)-5 반대신문사항 90가합 46531 (원고 채달기)

반대신문사항 (증인 장×모)

90가합 46531

1. (주신문 1항 관련)

   증인은 원고가 1989.10.22. 해고되기 이전에는 안전담당 직원이 아니었지요?

2. (주신문 4항 관련)

   피고회사는 운전기사가 고객에게 불성실한 행위를 할때에는 미8군 교역처로부터 엄중한 항의를 받거나, 용역계약 해지 사태까지 이르게 될 수 있다는 바,

      운전기사 홍×표는 1988.07.01. 퇴직통보
       동 김×성은 1988.08.31. 승차거부
       동 김×환은 1989.04.07. 부당요금 징수
       동 김×만은 1990.04.03. 관세기피 (2차례)

   등의 용역계약 해지 사태 까지 미칠 수 있는 불성실한 행동으로 인하여 미8군 교역처로부터 엄중한 항의 문서를 받은 사실이 있지요? (을제1호증 제시)

3. 위와 같이 중대한 잘못을 저질러 항의 문서까지 받은 기사들을 해고한 사실이 있습니까?

(4항~9항 생략)

10. (주신문 15항 내지 18항 관련)

    원고의 실적보다 저조한 김×환 송×용 백×기 최×노 정×복 하×홍 남×우 박×철 이×보 등 9명은 왜 해고하지 않았습니까?

11. 기타사항

                       1991. 02. 28.

목록4)-6 일부취하서 90가합 46531 1991.06.13

일 부 취 하 서

90가합 46531

　　　　　원고　　채 달 기
　　　　　피고　　건양기업주식회사
　　　　　　　　　대표이사 김 × 호

　위 당사자간 귀원 해고무효 및 손해배상 청구 등 사건에 관하여, 원고는 1991.04.20. 복직되었고, 피고는 서울지방노동위원회와 중앙노동위원회의 판정에 불복하여 서울고등법원에 행정 소송한 부당해고구제 재심신청기각판정 취소 청구의 소를 1991.05.04. 취하하였으므로 원고는 동 사건 중 해고무효 부분은 이를 취하하는 바입니다.

　　　　　　　　　　　　　　　　　　　1991. 06. 13.
　　　　　　　　　　　　　　　　　　위 원고　채 달 기

서울민사지방법원　귀중

목록4)-7 판결문 해고무효 (90가합 46531) 1991.11.18

서 울 민 사 지 방 법 원
제 42 부
판 결

사건   90가합 46531 해고무효확인 등

원고   채 달 기
        서울 성동구 성수 2가 2동 36의 142

피고   건양기업주식회사
        서울 마포구 도화동 541
        대표이사 정 × 연
        지 배 인 정 × 영
        소송대리인 변호사 김 × 만, 임 × 열

변론종결   1991. 10. 18.

주   문   1. 피고는 원고에게 금 7,013,127원 및 그중 금 6,773,743원에 대한 1991.05.16.부터 1991.11.08.까지는 연 5푼의, 그 다음날부터 완제일까지는 연 2할5푼의, 각 율에 의한 금원을 지급하라.
           2. 원고의 나머지 청구를 기각한다.
           3. 소송비용은 이를 2분하여 그 1은 피고의, 나머지는 원고의, 각 부담으로 한다.
           4. 제1항은 가집행할 수 있다.

청구취지   피고는 원고에게 금 16,616,248원 및 그 중 금 8,376,248원에 대한 1989.10.22.부터 이 사건 소장부본 송달일까지는 연 5푼, 그 다음날부터 완제일까지는 연 2할5푼의, 각 율에 의한 금원을 지급하라는 판결.

이 유   1. 임금지급 청구에 관한 판단
(이하생략)

4. 결 론

　　따라서 원고의 청구중 위 인정부분은 정당하고 그 나머지 부분은 부당하므로 주문과 같이 판결한다.

1991.　11.　08.

재판장 판사 　 조 × 한
판사　 김 × 우
판사　 강 × 희

목록5)-1 소장 '해고무효확인 청구의 소' (92가합 017353) 1992.03.27. (2차)

소 장

원고　채 달 기
피고　건양기업주식회사
　　　대표이사　정　×　연

'해고무효확인 등 청구의 소'

　　　소송물가액　　　금18,053,459 원
　　　첨부인지액　　　금　　90,267 원
　　　송 달 료　　　　금　　24,000 원

비재산권의 소가　　　　　10,000,100
기 발생액　　　471.936×5개월= 2,359,680
　　　　　　　471,936×2/31일=　 30,447
장래발생액　　 471,936×12개월=5,663,282　　합계 18,053,459

서울민사지방법원　귀중

소　　장

　　　원고　　채 달 기
　　　　　　　서울특별시 성동구 성수2가2동 36-142
　　　피고　　건양기업주식회사
　　　　　　　대표이사　정 × 연
　　　　　　　서울특별시 용산구 이태원동 34

'해고무효확인 등 청구의 소'

청 구 취 지

1. 피고가 1991.10.26. 원고에 대하여 한 해고는 무효임을 확인한다.
2. 피고는 원고에게 위 해고일로부터 복직시 까지 매월 15일에 금471,936원 씩을 지급하라.
3. 소송비용은 피고의 부담으로 한다.
4. 위 제2항은 가집행할 수 있다.
　라는 판결은 구합니다.

청 구 원 인

1. 원고는 1987.12.10. 서울특별시 용산구 이태원동34 소재 건양기업주식회사 아리랑택시사업소에 운전원으로 입사하여 근무하던 중 1989.10.22. 피고로부터 1차 부당하게 해고 되었다가 18개월만인 1991.04.01. 복직되어 다시 근무 중 6개월만인 1991.10.26. 피고로부터 또다시 부당하게 해고되었습니다.

2. 원고가 1991.06.30. 승객을 태우고 김포공항으로 가던 도중 공항 입구 개화동 검문소 못미쳐 200~300m 지점 올림픽 도로에서 차량번호 미상의 트럭이 갑자기 우측에서 밀어 붙히는 바람에 좌측으로 핸들을 꺽는 순간 전방에 나타나는 분리대를 피할 수 없어 충돌하게 되어 차량이 파손되는 사고가 발생하였는데 피고는 이를 이유로 원고를 복직시킨 후 6개월 만에 또다시 해고한 것

입니다. 피고는 원고를 재면직 시키려고 기회만 엿보다가 1991년 말로 차령이 다 된 폐차 직전에 있는 낡고 헌 차량(동종 차량으로써 일부는 이미 폐차시켰음)을 파손했다는 이유와 원고를 마지못해 복직시킨 후 그 보복 조치로 헌차를 배차하여 원고에게 불이익을 주는데 대한 항의와 헌차의 배차지시를 거부했다는 이유로 또다시 해고한 것인데, 피고 회사는 승객을 운송하는 택시운수업체로써 업무상 빈번히 일어날 수 있는 차량사고에 대비하여 종합보험에도 가입하지 않고서 단체협약에 의하여 차량 수리비 견적을 산출하여 견적금액 중 20%를 운전원에게 배상시키고 있으면서 지금까지 차량사고로 인하여 운전원을 해고시킨적은 한 번도 없었을뿐더러 운수회사에서 빈번히 일어나는 차량사고로 운전원을 해고시킨다는 것은 있을 수 없는 부당한 처사이며, 배차지시에 거부했다는 것은 원고에게 계속해서 낡은 헌차를 배차함으로써 겪게 되는 불이익을 당하다 못해 거부한 것이며 헌차의 배차지시만 거부했지 담당 관리자의 지시에 따라 퇴근하였고 원고가 임의대로 행동하지는 않았습니다. 그럼에도 피고가 당치도 않는 이유를 들어 또다시 원고를 해고한 것은 1차로 부당하게 해고시켰다가 마지못해 복직시킨 보복이라 하지 않을 수 없습니다.

3. 뿐만 아니라 원고를 해고시키면서 근로기준법 제27조의2와 단체협약 제16조에 의한 해고의 예고도 없었으며 그에 따른 해고수당도 지급하지 않았으므로 근로기준법 제27조의2를 위배하였으며 근로기준법 제27조의2를 위배하여 피고가 원고를 해고한 것은 당연히 무효입니다.

4. 따라서 원고는 피고가 1991.10.26. 원고에 대하여 한 해고의 무효확인을 구하며 1991.10.26. 이후 원고를 복직시킬 때까지 소정의 월급 시급일인 매월 15일에 위 해고통지를 받을 당시 지급되고 있던 평균 임금액과 같은 금액인 금 471,936원씩의 지급을 구하기 위하여 이건 청구에 이른 것입니다.

입 증 방 법

변론시 수시 제출코저 함.

첨 부 서 류

소장부본 1부
법인등기부등본 1통
송달료 납부서 1부

1992. 03. 27.
위 원고 채 달 기

서울민사지방법원 귀중

목록5)-2 판결문 (해고무효) (90가합 17353) 1992.12.04. 서울민사지방법원 (원고 승) 1992.11.26.

서 울 민 사 지 방 법 원
제 41 부
판 결

사건	92가합 17353 해고무효확인 등
원고	채 달 기
	서울 성동구 성수 2가 2동 36의 142
피고	건양기업주식회사
	서울 마포구 도화동 541
	대표이사 정 × 연
	지배인 정 × 영

변론종결   1992. 11. 12.

주 문
1. 피고가 1991.10.26. 원고에 대하여 한 해고는 무효임을 확인한다.
2. 피고는 원고에게 1991.10.27.부터 원고를 복직시킬 때까지 월 금 471,936원의 비율에 의한 금원을 지급하라.
3. 소송비용은 피고의 부담으로 한다.
4. 제2항은 가집행할 수 있다.

청구취지   주문과 같다.

이 유   1. 해고무효확인청구에 대한 판단
(이하생략)

3. 결 론
그렇다면 원고의 이 사건 청구는 모두 이유 있어 이를 수용하고, 소송비용의 부담에 관하여는 민사소송법 제89조를, 가집행선고에 관하여는 같은법 제199조를 각 적용하여 주문과 같이 판결한다.

1992.   11.   26.

재판장 판사   김 × 진

판사   강 × 훈

판사   서 × 걸

목록6)-1 항소장 (92나 72562) 1992.12.16. (상대방 피고)

항 소 장

원고(피항소인)   채 달 기
　　　　　　　　서울특별시 성동구 성수2가2동 36-142

피고(항소인)　　건양기업주식회사
　　　　　　　　서울 마포구 도화동 541
　　　　　　　　대표이사　정 × 연
　　　　　　　　지배인　　정 × 영

'해고무효확인 등 청구의 소'

　위 당사자간 서울민사지방법원 92가합 17353호 해고 무효확인 등 청구사건에 관하여 1992.11.26. 동원에서 선고한 판결은 아래와 같음

원 판 결 의 표 시

주문 1. 피고가 1991.10.26. 원고에 대하여 한 해고는 무효임을 확인한다.
　　 2. 피고는 원고에게 1991.10.27.부터 원고를 복직시킬 때까지 월 금 471,936원의 비율에 의한 금원을 지급하라.
　　 3. 소송비용은 피고의 부담으로 한다.
　　 4. 제2항은 가집행 할 수 있다.

　　(피고는 위 판결정본을 1992.12.10. 송달받았음)

불복의 정도 및 항소를 하는지의 취지

항 소 취 지

1. 원판결을 취소한다.
2. 원고의 청구를 기각한다.

3. 소송비용은 1, 2심 모두 원고의 부담으로 한다.
   라는 판결을 바랍니다.

항 소 이 유

추후 제출하겠습니다.

첨 부 서 류

1. 항소장부본
2. 납 부 서

1992. 12. 16.

위 피고(항소인) 건양기업주식회사

대표이사 정 × 연

지배인 정 × 영

서울고등법원 귀중

목록6)-2 판결선고 (항소기각) (92나72562) 1993.11.17. 서울고등법원 제7민사부 (원고 승)

서 울 고 등 법 원
제 7 민 사 부
판   결

사 건	92나72562 해고무효확인 등
원고,피항소인	채 달 기
	서울 성동구 성수 2가 2동 36의 142
피고,항 소 인	건양기업주식회사
	서울 마포구 도화동 541
	대표이사 정 × 연
	소송대리인 변호사 최 × 민
변 론 종 결	1993. 11. 03.
원 심 판 결	서울민사지방법원1992.11.26.선고, 92가합17353 판결
주 문	피고의 항소를 기각한다.
	항소비용은 피고의 부담으로 한다.
청 구 취 지	피고가 1991.10.26. 원고에 대하여 한 해고는 무효임을 확인한다. 피고는 원고에게 1991.10.27.부터 원고를 복직시킬 때까지 일 금471,036원의 비율에 의한 금원을 지급하라.
항 소 취 지	원심판결을 취소한다. 원고의 청구를 기각한다.
이 유	1. 해고무효확인청구에 대한 판단
	-이하생략-

2. 임금지급청구에 대한 판단
   -이하생략-

3. 결 론

  그렇다면 원고의 이 사건 청구는 이유 있어 이를 모두 인용할 것인바, 원심판결은 이와 결론을 같이하여 정당하고 이에 대한 피고의 항소는 이유 없어 이를 기각하며, 항소비용은 패소자인 피고의 부담으로 하여, 주문과 같이 판결한다.

1993. 11. 17.

재 판 장　　판사　유 × 담

판사　김 × 형

판사　이 × 우

목록7)-1 노조위원장선거선거 실시   1990.02.20.

노조위원장 선거

회사가 노동부장관의 잘못된 지침을 인용하여 해고한 그를 어용화가 되어있던 노동조합이 노조위원장 선거에서 그의 피선거권을 박탈 한채 1990.02.20. 노조위원장 선거를 실시하였고, 피선거권을 박탈당한 그는 그의 권익을 찾기 위해 1990.04.21. 노조위원장 선거무효 소를 제기하였으며, 이후 대법원까지 힘든 소송에 임하게 된다.

> (회사로부터 부당하게 해고된 후 서울지방노동위원회와 중앙노동위원회, 두 번에 걸친 부당해고와 노조위원장선거 무효소에서 대법원에 이르기까지 회사가 선임한 변호사는 당시 서울고등법원 부장판사 출신의 변호사 개업을 한지 1년이 되지 않은 전관예우를 받는 김×만 변호사였는데, 그는 이런 힘 있는 변호사를 상대로 나홀로 소송에서 전부 승소한 쾌거를 이룩하였음)

노조위원장선거 무효 등 청구 소 (90가합 06476)

소 제기에 앞서 노동전문 변호사에게 본 사건에 관해 문의했더니 그의 주장이 옳은 것은 맞지만 시대의 흐름으로 봐서는 승소할 가망이 없으니 포기하라는 말을 들었음에도 불구하고 '노조위원장선거 무효 등 청구 소송'에 임한다.

목록7)-2　노조위원장선거선거무효 등 청구의 소 소장 (90가합 26476) 1990.04.21.

소　　　장

　　원고　　채 달 기
　　피고　　건양기업(주)운수노동조합
　　　　　　대표자　정 × 길

'노조위원장선거 무효확인 등 청구의 소'

　　　　소송물가액　　　금　5,000,100 원
　　　　첨부인지액　　　금　　　25,320 원
　　　　송 달 료　　　　금　　　17,600 원

서울민사지방법원　귀중

※ 소송물가액은 비재산권상의 소(청구금액이 없는 경우)는 1990년04월 당시에는 500만1백원이었으나 현재는 5,000만원으로 하여 첨부인지액을 계산 함.
단, 급여 등 재산권상의 소(청구금액이 있는 경우)를 함께 청구하는 소를 제기한 때에는 금액이 많은 쪽을 소가로 하는데,
통상 비재산권상의 소 쪽으로 채택될 경우가 큼.

소 장

원고 채 달 기
　　　서울특별시 성동구 성수2가2동 36-293

피고 건양기업(주)운수노동조합
　　　대표이사 정 × 연
　　　서울특별시 용산구 이태원동 34
　　　대표자 위원장 절 × 길

'노조위원장선거 무효확인 등 청구의 소'

청 구 취 지

1. 피고가 1990.02.20. 실시한 노조위원장 선거는 무효임을 확인한다.
2. 소송비용은 피고의 부담으로 한다.
　라는 판결은 구합니다.

청 구 원 인

1. 원고는 1987.12.10. 소외 건양기업주식회사에 입사하여 아리랑택시 운전원으로 근무중 1989.10.22.. 회사로부터 부당해고 되어 1989.11.07. 서울지방노동위원회에 부당해고 구제신청 결과 1990.02.09. 부당해고로 판정되어 복직명령을 받았으나 회사는 이에 불복하여 중앙노동위원회에 재심신청을 하여 현재 계류중에 있으며 피고 정×길은 1990.02.20. 피고의 노조위원장 선거결과 노조위원장에 당선되어 현재에 이르고 있습니다.

2. 피고가 1990.02.20. 실시한 노조위원장 선거는 1990.02.06. 공고 1990.02.08. 후보등록 마감이었으며 공고일 당시 원고는 회사로부터 부당해고 되어 서울지방노동위원회에 구제신청 중에 있었으므로 노동조합법 제3조 제4항과 서울민사지법 합의50부의 판례(1990.01.11. 중앙일보기사)까지 보여주며 원고는 조합원의 자격이 있으므로 위원장 출마를 위한 등록서류의 교부

를 요구하였으나 당시 회사의 사주에 의해 움직이던 노조위원장 대행 전×득과 선거관리위원장 윤×용은 원고가 제시한 법과 판례를 모두 무시하고 회사로부터 면직되어 서울지방노동위원회에 구제신청중에 있는 자는 조합장선거에 피선거권자로서 자격을 인정할 수 없다고 하는 사유서와 함께 등록서류의 교부를 거부하였고 1990.02.07.17:00시경 재차 요구하였으나 끝내 거부함으로써 원고는 노조위원장 선거에 출마할 기회와 권리를 박탈 당하였습니다.

3. 당시 후보였던 정×길은 스스로 노동조합법 제3조 4호 단서를 펼쳐 보이면서 원고와 같은 경우 조합원 자격은 있다.라고 인정하였고 또 한 사람의 후보였던 이×보도 위 정×길의 말을 듣고서 조합원 자격이 있으면 출마할 권리도 있는 것이다.라고 시인하였으며 이렇게 입후보자들도 인정하는 원고의 출마자격을 노동조합이란 곳에서 강제로 막았다는 것은 조합원을 위한 조합이 아니라 회사의 사주대로 움직이는 어용 화 된 노동조합이란 사실을 단적으로 증명한 것입니다.

4. 이로써 원고는 1990.02.07. 서울민사지방법원에 위원장선거 중지 가처분 신청을 하게 되었으나 재판이 위원장 선거일 02.20.이 지난 02.23.에 결정이 나서 아무 효력이 없게 되었습니다. 그리고 1990.02.09. 서울지방노동위원회로부터 원고를 복직시키라는 부당해고 확정판정의 명령서를 받았습니다.

5. 이러한 사실(선거중지가처분신청과 서울지방노동위원회의 복직명령서)을 1990.02.11. 내용증명으로 조합에 통고하여 원고의 권리를 박탈한채 진행 중인 선거를 중지하고 원고가 참여할 수 있도록 모든 조치를 취해 줄 것을 다시 한번 강력히 요구하였으나, 이때만 해도 선거전이었고 원고를 복직시키라는 판정을 받았으므로 피고는 원고를 참여시킬 수 있었고 당연히 참여시켰어야 했음에도 불구하고 원고의 요구를 완전히 묵살한채 1990.02.20. 위원장선거를 강행한 것입니다.

(6~7항 생략)

8. 원고는 노조위원장 선거에 출마한다고 해서 꼭 당선된다는 생각과 보장은 없습니다. 다만 원고에게 조합원으로서 행사할 수 있는 권리를 부당하게 강제로 박탈했다는데 문제가 있는 것입니다. 아울러 선거에 관한 조합규약 변경의 법

령위반뿐만 아니라 회의록 위조 등 관계법을 무시하고 위선과 강압으로 일관되어 강행된 선거를 아무런 제재도 받지 않고 정당화 될 수는 없을 것입니다. 위선자들에게 이 나라에 법이 존재한다는 사실을 깨우치도록 준엄한 심판을 바라는 바입니다.

입 증 방 법

갑제1호증	노조위원장 선출일지
갑제2호증의1	명령서송부
갑제2호증의2	명령서
갑제3호증	사유서
갑제4호증	통고서
갑제5호증	노조규약제29조변경에 대한 대의원대회 회의록
갑제6호증	회의록중 11쪽 위조부분 대비표
갑제7호증	진정서
갑제8호증	민원회신

첨 부 서 류

위 입증방법 사본 각1통

소장부본 2부

납 부 서 1부

1990. 04. 21.

위 원고 채 달 기

서울민사지방법원 귀중

목록7)-3 준비서면 (원고)

준 비 서 면

90가합 026476

       원고   채 달 기
       피고   건양기업(주)운수노동조합
       대표자 위원장 정 × 길

위 당사자간 90가합 026476 청구사건에 관하여 소외 정×길은 원고의 명예를 실추시키고 모독하는 행위를 하였기에 별첨과 같이 그 공고문과 원고의 해명서를 첨부하여 다음과 같이 진술합니다.

다 음

1. 소외 정×길은 원고가 제소한 노조위원장선거무효확인 등 청구사건에 관해서 그 소송물가액인 금5,000,100원을 원고가 소외 정×길에게 손해배상 청구를 하였다.라고 하여 원고가 행하지 않은 사실을 날조하여 공고하였습니다.
2. 원고로 인하여 소외 정×길은 노조 본연의 업무에 소홀히 하였다.라고 하며 자신의 무능함과 업무태만을 원고에게 뒤집어씌우고 있으며,
3. 원고가 제기한 송사에 대하여 그 원인과 내용을 밝히지 않은채 원고가 제기한 송사만 공고하여 그 공고문을 보는이로 하여금 원고가 고소, 고발만 좋아하는 옳지 못한 사람으로 인식하도록 교묘히 유도하고 있습니다.
4. 소외 정×길은 원고의 권리가 강제에 의하여 침해, 박탈당한 상태에서 실시된 노조위원장 선거에서 당선된 자로서 원고가 주장하는 청구사건에 대하여 중립적인 위치와 객관적인 입장에서 자신에게 해당되는 사항만 진술하면 될 것인데 상기와 같은 내용의 공고문을 만들어 사내매점(휴식처)과 게시판 등 세군데에다 1990.07 .03.부터 1990.07.05.까지 3일동안 공고하여 그 내용을 읽는 서울지역 170여 조합원들과 기타 출입자들에게 원고를 아주 나쁜 사람으로 인식하도록 만들었습니다.
5. 특정인을 강제로 제외시키고 계획적으로 참여치 못하게 한 상태에서 치루어진

선거결과 그 누가 당선되었더라도 당연히 돌아갈 여러 가지 문제들을 감수하면서 사직 당국에서 가려줄 결과를 기다려야 할 처지인데 소외 정×길은 현재의 자신의 직을 어떻게든 합리화시키고 조합원들에게 자신의 위치만 인정받게 할 목적으로 온갖 모략과 중상으로 원고를 곤궁에 처하도록 하고 명예를 훼손시키는 인신공격을 서슴치 않고 행하였습니다.
이러한 상황을 참고하여주시기 바랍니다.

첨 부 서 류

갑제10호증의1   준비서면
갑제10호증의2   공고문
갑제10호증의3   해명서

1990. 07. 06.

위 원고 채 달 기

서울민사지방법원 귀중

목록7)-4 노조위원장선거무효 등 청구 기각 (원고 패)

서 울 민 사 지 방 법 원
제 15 부
판 결

사건   90가합 26476 노조위원장선거무효확인

원고   채 달 기
        서울 성동구 성수 2가 2동 36의 293

피고   건양기업주식회사 운수노동조합
        서울 용산구 이태원동 34
        대표자 위원장 정 × 길

변론종결   1990. 07. 27.

주 문   원고의 청구를 기각한다.
                   소송비용은 원고의 부담으로 한다.

청구취지   피고가 1990.02.20. 실시한 피고의 위원장 선거는 무
                   효임을 확인한다. 소송비용은 피고의 부담으로 한다.

이 유   1. 해고무효확인청구에 대한 판단
(이하생략)

                          1990. 08. 17.

                                 재판장 판사   김 × 환
                                        판사   박 × 필
                                        판사   이 × 신

목록8)-1 항소장 (90나 45832) 1990.09.25. (원고)

항 소 장

원고(항소인)   채 달 기

피고(피항소인)   건양기업(주)운수노동조합

'노조위원장 선거무효 확인 등 청구의 소'

소송물가액   금 5,000,100 원
첨부인지액   금   50,640 원
송 달 료   금   24,000 원

서울고등법원 귀중

항 소 장

원고(항소인)　　채 달 기
　　　　　　　　　서울특별시 성동구 성수2가2동 36-293
피고(피항소인)　　건양기업(주)운수노동조합
　　　　　　　　　서울특별시 용산구 이태원동 34
　　　　　　　　　대표자 위원장 정 × 길

'노조위원장 선거무효 확인 등 청구의 소'

위 당사자간 서울민사지방법원 90가합 026476호 노조위원장 선거무효 확인 등 청구사건에 관하여 1990.08.17. 동원에서 선고한 제1심판결에 대하여 원고는 전부 불복이므로 항소를 제기합니다.

원 판 결 의 표 시

주문　　원고의 청구를 기각한다.
　　　　소송비용은 원고의 부담으로 한다.
　　　　(원고는 위 판결정본을 1990.09.13. 송달받았음)
　　　　소송비용은 제1심, 제2심 모두 피고(피항소인)의 부담으로 한다.
　　　　라는 판결을 구합니다.

항 소 취 지

1. 원판결을 취소한다.
2. 소송비용은 제1심, 제2심 모두 피고(피항소인)의 부담으로 한다.
　 라는 판결을 구합니다.

항 소 이 유

-이하생략-

입 증 방 법

갑제10호증　　　　　　위원장재선출 질의회시
갑제11호증의1~2　　　　대의원소집권자 지명요구서
갑제12호증의1　　　　　입후보등록신청서
갑제12호증의2　　　　　벽보 1)
갑제12호증의3　　　　　벽보 2)
갑제12호증의4　　　　　유인물 원본
갑제13호증의1　　　　　노동부질의회시
갑제13호증의2　　　　　조합원자격유무질의
갑제14호증　　　　　　 증빙서류사본발급요구서

첨 부 서 류

위 입증방법 사본 각1통
소장부본 2부
납 부 서 1부

　　　　　　　　　　　　　　1990. 09. 25.
　　　　　　　　　　　위 원고(항소인) 채 달 기
　　　　　　　　　　　　　대표이사 정 × 연
　　　　　　　　　　　　　지배인　 성 × 녕

서울고등법원 귀중

목록8)-2 준비서면 (90나 45832) 1990.11.21. (원고)

준 비 서 면

원고(항소인)　　　　　채 달 기

피고(피항소인)　　　　건양기업(주)운수노동조합

'노조위원장선거 무효확인 등'

위 사건에 관하여 원고(항소인)는 다음과 같이 변론을 준비합니다.

다　음

1. 원고가 1990.09.25. 서울고등법원에 제출한 항소장의 항소이유3.라.에서 밝힌 바 있는 원고의 증거서류 교부요구에 대하여 피고(피항소인)는 원고가 이미 제출한바 있는 갑제13호증의1~2를 첨부한 갑제15호증의1~2와 같은 답변서를 보내 왔습니다.

2. 답변서의 내용을 살펴보면, 갑제15호증의1에는 원고가 요구한 증거서류의 교부를 할 수 없는 이유를 밝히고 있으며, 갑제15호증의2에는 노동부가 해고의 효력을 다투고 있는 자를 근로자가 아닌 자로 해석하여서는 아니 된다는 노동조합법 제3조 4호 단서의 해석을 탈법적으로 해석하여 시달한 업무지침을 노조위원장이란 피고가 노동부의 잘못된 해석을 시정요구 해야될 처지임에도 불구하고 오히려 노동부에 동조하여 해고의 효력을 다투고 있는 조합원에게 인용하여 노동조합법 제29조 운영상황의 공개를 위반하는 월권행위를 하고 있으니 이 어찌 조합원으로부터 조합운영에 관해 위임받은 자가 취할 행위로 볼 수가 있으며 이는 사용자의 앞잡이란 것을 스스로 폭로하는 행위임을 입증하는 것입니다.

1990. 11. 21.

위 원고(항소인) 채 달 기

서울고등법원 민사6부 귀중

목록8)-3 주소지변경 신고

주소지변경 신고

90나 45832

　　　　원고 채 달 기
　　　　피고 건양기업(주)운수노동조합

　　　　노조위원장 선거무효 확인 등 청구

　귀원 위 사건에 관하여 원고는 아래와 같이 주소를 이전하였으므로 신고합니다.

아　　　래

이전된 주소 : 서울특별시 성동구 성수2가2동 36-142

1990. 12. 16.
위 원고(항소인) 채 달 기

서울고등법원 민사6부　귀중

목록8)-4 증인신문신청

증 인 신 문 신 청

90나 45832

    원고 채 달 기
    피고 건양기업(주)운수노동조합

 위 사건에 관하여 다음과 같이 증인신문을 신청합니다.

1. 증인의 표시   성명 이 상 훈
          주소 경기도 하남시 초2동 174
2. 신문사항   별지와 같음.

              1990. 12. 31.

             위 원고 채 달 기

서울고등법원 민사6부 귀중

목록8)-5 증인 이상훈 신문사항

증 인 이 상 훈 신문사항

90나 45832

1. 증인은 건양기업(주)아리랑택시사업소에 운전원으로 근무하면서 1989년도 대의원이었지요?

2. 증인은 원고가 1989.10.22. 소외 회사로부터 부당해고 된 후 서울지방노동위원회로부터 부당해고판정을 받은 사실을 알고 있습니까?

3. 증인은 1990.02.06. 건양기업(주)운수노동조합 선거관리위원장의 선거공고로 같은달 08. 까지 노조위원장 선거 후보등록을 마감한 사실을 압니까?

4. 노조위원장 선거에 후보등록을 하려면 선거관리규정 3. 나. 에 명시된 바와 같은 선거관리위원장의 직인이 찍힌 입후보등록신청서 및 기타서류를 교부받아야 했기 때문에 각 후보들은 모두 교부 받았지요?

5. 이와같이 선거관리위원장의 직인이 찍힌 입후보등록 서류를 교부받지 못하면 후보로서 등록할 수가 없었지요?

6. 당시 노조위원장 직무대행 전×득과 선거관리위원장 윤×용은 해고의 효력을 다투고 있는 원고의 조합원 자격 여부를 노동부에 전화 문의한 결과 조합원의 자격이 없다는 말을 듣고 원고에게 후보등록에 필요한 서류를 교부하지 않았었지요?

(7항~21항 생략)

22. 기타사항

목록8)-6 고소취소장 1991.01.16.

고 소 취 소 장

|고소인| 채 달 기
|주 소| 서울특별시 성동구 성수2가2동 36-142

|피 고| 정 × 길
| | 건양기업(주)운수노동조합
|주 소| 서울특별시 용산구 이태원동 34

　본 고소인은 1990.10.08. 피고소인을 협박 및 명예훼손죄로 귀청에 고소하였는바, 피고소인이 자기의 잘못을 반성하고 사죄하며, 사과문을 공고하는 등 뉘우침이 보이므로 고소를 취소합니다.

1991. 01. 16.

위 고소인 채 달 기

서울지방검찰청 귀중

목록8)-7 항소기각 90나45832 (원고 패) 1991.04.03.

서 울 민 사 지 방 법 원
제 6민사부
판 결

사건	90나 45832 노조위원장선거무효확인
원고, 항소인	채 달 기 서울 성동구 성수 2가 2동 36의 293
피고, 피항소인	건양기업주식회사 운수노동조합 서울 용산구 이태원동 34 대표자 위원장 정 × 길
변론종결	1991. 03. 06.
원심판결	서울민사지방법원 1990.08.17.선고, 90가함 26476판결.
주 문	원고의 항소를 기각한다. 항소비용은 원고의 부담으로 한다.
청구취지및항소취지	원심판결을 취소한다. 피고가 1990.02.20. 실시한 피고의 위원장선거는 무효임을 확인한다.

소송비용은 1,2심 모두 피고의 부담으로 한다는 판결.

이 유	(이하 생략)

1991. 04. 03.

재판장 판사 이 × 수
판사 오 × 현
판사 김 × 란

목록9)-1 상고 (원고) 91다14413

상 고 장

원고(상고인)   채 달 기

피고(피상고인)   건양기업(주)운수노동조합

'노조위원장 선거무효 확인 등 청구의 소'

소송물가액   금 5,000,100 원
첨부인지액   금   75,960 원
송 달 료   금   24,000 원

대법원 귀중

상 고 장

원고(상고인)　　채 달 기
주소　　　　　　서울특별시 성동구 성수2가2동 36-293
피고(피상고인)　건양기업(주)운수노동조합
　　　　　　　　서울특별시 용산구 이태원동 34
　　　　　　　　대표자 위원장 정 × 길

'노조위원장 선거무효 확인 등 청구의 소'

위 당사자간 서울고등법원 90나 45832 노조위원장 선거무효 확인 등 청구 사건에 관한 제2심 판결은 불복이므로 이에 상고를 제기합니다.

제2심 판결의 표시

주문　원고의 항소를 기각한다.
　　　항소비용은 원고의 부담으로 한다.
　　　1991.04.03. 판결선고.
　　　1991.04.23. 판결정본 수령

항 소 취 지

원판결 전부를 파기하고 상당한 재판을 구합니다.

항 소 이 유

추후 상고 이유서를 제출하겠습니다.

　　　　　　　　　　　　　　　1991. 04. 29.
　　　　　　　　　　　　　위 상고인 채 달 기

대법원 귀중

목록9)-2 상고기록 접수 통지서

대 법 원

상 고 기 록 접 수 통 지 서

성동구 성수2가2동 36-142

원　　　고　　　채달기　　　　귀하

사건 91다 014413 노조위원장선거무효확인

원　　　고　　　(상고인)　채달기

피　　　고　　　(피상고인)　건양기업(주)운수노동조합

위 사건에 관한 소송 기록을 원심 법원으로부터 송부 받았으므로 통지합니다.

1991. 05. 15.

법원 사무관 김 × 화

주의 1. 상고이유서를 제출하지 아니한 상고인은 이 통지서를 받은 날로부터 20일 안에 상고이유서 1통과 그 부본 통을 이 법원에 제출하셔야 합니다. 만약 위 기간 안에 상고이유서를 제출하지 않으면 상고가 기각될 수 있습니다.
2. 이 사건에 관하여 법원에 제출하는 서류에는 사건번호를 기재하시기 바랍니다.

담당재판부 타부

목록9)-3 상고의이유

상 고 의 이 유

91다 013313

          원고(상고인)   채 달 기
          피고(피상고인) 건양기업(주)운수노동조합

위 당사자간 귀원 91다 014413 노조위원장선거무효 등 청구 사건에 관하여 원고(상고인)는 다음과 같이 상고의 이유를 제출합니다.

다 음

1. 2심에서 판결에 근거한 갑제5호증은 사실과 같으나 을제7호증의 임시대의원회 회의록은 성립에 다툼이 없는 회의록이 아니라 사실과 다른 조작된 회의록이었으며 1심과 2심 모두 이 조작된 회의록을 근거하여 판결하였으므로 잘못된 판결을 취소하여 주시기 바랍니다.

피고조합의 소외 정×길이 1990.05.25. 서울민사지방법원 15부에 제출했던 을제7호증의 대의원회 회의록은 개최일자도 원고(상고인)가 1990.09.25. 서울고등법원에 제출한 항소장 3쪽에서도 지적한 것처럼 1989.10.10.이 아닌 1989.10.14.13:00시로 되어 있으며,

그 내용도 사실과 전혀 다르게 노조규약 제29조에 대해서 직선제로 개정할 것을 전제로 토론한 것처럼 조작하여 원고뿐 아니라 재판부까지 우롱하였습니다. 을제7호증의 대의원회 회의록에 대해서는 그 내용이 틀리기에 갑제14호증과 같이 회의록 원본의 열람 및 기타서류의 사본제출을 1990.09.17.과 같은해 09.21. 서면과 구두로 요구하였으나 소외 정×길이 같은해 09.22. 제출한 답변서에서 원고가 조합원의 자격이 없다는 이유로 원고가 요구한 회의록 원본의 열람과 사본제출을 거부하여 달리 반증할 수가 없었는데 원고가 1991.04.01. 복직되어 같은달 27.부터 근무하게 되었으므로 소외 정×길이 주

장하던 조합원의 자격을 득하였으므로 다시 회의록 원본의 열람과 사본제출을 요구하여 1991.04.30. 별첨과 같은 회의록 원본(원시기록)의 사본을 교부받아 소외 정×길이 제출한 을제7호증과 비교 검토한 결과 을제7호증의 대의원회 회의록이 원고가 생각했던 대로 원본과는 완전히 틀리게 조작되어 있음이 판명되었습니다. 회의록 원본에는 원고가 항소장에서 주장하던 사실이 그대로 나타나 있습니다.

이렇게 조작된 회의록을 근거로 하여 판결한 1심과 2심은 그 원인부터 잘못되었으며 그 내용을 면밀히 비교 검토하여 사실을 바로잡아 주시기 바랍니다.

2. 2심판결에 의하면,

1) 1989.04.28. 피고조합의 대의원 대회에서 조합규약 제29조를 개정함에 있어 그 절차에 투표방법에 의하지 아니한 하자가 있다 하더라도 같은해 10.14.의 대의원 대회에서 위원장 선출방법을 조합원의 직선제로 개정할 것을 전제로 토론 끝에 원고를 포함한 대의원 전원의 찬성으로 위와 같이 개정 결의를 하였다면 위 하자는 치유되었다 할 것이고,

2) 위 대의원대회에 참석하여 이의 없이 위 개정 결의에 참여한 원고로서는 가사 위 규약개정안이 1989.10.14.의 대의원대회에 부의할 사항으로써 미리 공고되지 않았다 하더라도 그 사유를 들어 위 개정 결의의 무효를 주장할 수는 없다 할 것이며,

3) 노동조합은 임원의 입후보 자격과 선거절차 등을 자율적으로 정할 수 있다 할 것이므로 피고조합의 위원장 입후보 자격을 조합원수(310명)의 1할에도 못 미치는 조합원 30인 이상의 추천과 조합원 경력 1년 이상인자로 한다는 개정규약의 내용이 조합원의 권리를 부당하게 침해하는 것으로써 노동조합법 제22조에 위반된다고 할 수 없으므로 피고조합의 개정규약 제29조가 무효임을 전제로 한 원고의 위 주장은 이유없다. 라고 판시하였는데,

회의록 원본을 살펴보면,

판시한 위 1)의 내용이 전혀 다릅니다.

1)에서 판시한 것 처럼 위원장 산출방법을 조합원의 직선제로 개정할 것을 전제로 개정 결의를 한 것이 아니고,

오전에 있은 2차 임시대의원회에서 1989.04.28. 거수로 동의결의하여 무효가 되어있던,

① 조합원 인선문제.를 표결에 붙혀 11:2의 찬성으로 손×택을 재선출하여 조합장 인선 문제에 대한 하자만 치유하였고, 노조규약 제29조가 조합장 인선 문제와 같이 무효가 되어있는 사실을 아무도 몰랐기 때문에 거론조차 하지 않았으며,

② 상부기관 변경문제.를 토의 끝에 12:00시에 폐회하여 임시대의원대회 공고시 부의 하였던 2가지 안건을 처리하였고,

오후 14:00시에 회순을 3차로 변경하여 대의원회를 속개하면서 앞에서 밝힌,

노조규약 제29조 1. 조합원의 직선제로 선출
      2. 회계감사, 부조합장은 대의원 인준
      3. 30인 이상의 추천을 받아야 한다.를

1989.04.28. 개정 당시 거수동의로 결의한 것이 무효인줄을 아무도 몰랐고 그대로 유효한 것으로 생각하였기 때문에,

위 규약 3개항 전체를 다시 안건 상정하여 무효가 된 하자를 치유할 생각은 하지 못하고, 다만 차기 노조위원장선거에 원고의 참여를 배제 시키기 위한 목적으로 위 3개항을 1항과 2항은 그대로 두고 거론도 하지 않고 3항의 출마 자격에 대해서만 토의 끝에

① 조합원 30인 이상 추천받은 자.
② 조합원 자격 3년 이상인 자.
③ 본조근무(서울) 1년 이상인 자. 로

1차 개정 결의하였던 것인데,

위 3개항 중 ②는 원고의 참여를 막기 위함이었고,

③은 당시 동두천 근무자이었던 정×길의 참여를 막기 위함이었으며, 이어서 기타사항으로 임금협상 문제 등을 토의하다가 이×찬 대의원이

위 ③의 본조 근무 1년 이상인 자 에 이의를 제기하여 15:00시까지 잠시 정회하였고,

15:30 다시 회의를 속개하면서 정회 도중 서×호 대의원이 조합장 출마자격 요건에 3년문제 및 본조근무자는 위법이다 라고 제안하여(회의록 원본 7쪽 5정째) 개정 결의하였던 위 3개항 중,

② 와 ③을 취소하고 다시,

       ① 조합원 30인 이상 추천받은 자.

       ② 조합원 경력 1년 이상인 자.

이렇게 변경 채택하였는데 이렇게 변경 채택하면서 이때 또다시 투표에 의하지 아니하고 동의로 결정하였습니다.

이와 같이 원고의 출마를 막기 위한 목적으로 무효가 되어있는 규약제29조 중 3항의 출마자격에 대해서만 토의 끝에 또다시 동의로 변경하였을 뿐이며, 판시와 같이 위원장 선출방법을 조합원의 직선제로 개정할 것을 전제로의 개정규정에 대한 설명이 없었을 뿐 아니라 조작한 회의록을 근거로 한 판시이므로 당연히 취소되어야 할 것입니다.

또한 위 인정에 반하는 이×훈의 일부 증언은 이를 믿지 하니하며 달리 반증 없다 라고 판시 한데 대하여는 증인 이×훈은 그의 증언에서 원고의 주장을 모두 인정하였습니다.

별첨한 이×훈의 증인신문조서 등본(4쪽2번째아허 8개항 참조)에 의하면,

1. 1989.10.10.에 있었던 임시대의원회에 부의한 안건은 1989.04.28. 연차대의원회에서 거수로 선출하여 무효가 되어있던 위원장의 재선출과 상부기관 변경문제이었다.

1. 1989.10.10. 개최한 임시대의원회가 끝난 후에도 1989.04.28. 연차대의원회에서 변경되었던 노조규약 제29조가 대의원의 직접, 비밀, 무기명투표에 의하지 아니하고 거수로 통과 변경했기 때문에 무효가 되어있는 사실을 아무도 모르고 있었다.

1. 그렇기 때문에 1989.10.10.에 있었던 임시대의원회 공고시 규약변경에 대하여는 부의도 하지 않았다.

1. 같은 날 임시대의원회에서 노조위원장 손×택을 무기명 투표에 의하여 재선출한 후 노조규약 제29조가 무효가 되어있는 것을 아무도 몰랐기 때문에 무효가 되어있는 규약을 다시 안건 상정하여 치유할 생각은 못하고 단순히 차기 노조위원장 선거에서 원고의 출마를 견제하기 위하여 '출마가격 3년이상 근무한 자'와 당시 동두천 근무자인 정×길 겨냥하여 '서울근무 1년 이상인 자' 이렇게 두 안건만 상정하고 무기명투표로 통과시켰다.
1. 이후 대의원의 한 사람인 서×호가 알아본 결과 '3년이상인자'로 자격을 제한하는 것은 위법이라며 취소하자 하여 취소하였다.
1. 그다음 당시 대의원이었던 증인이 '서울근무 1년이상인자'도 함께 취소하자 하여 두건 모두 취소했었다.
1. 그후에 그래도 위원장선거에 너도 나도 나오는 것을 막아야 되지 않겠느냐 하면서,

    1) 조합원추천 30명 이상과

    2) 1년이상 근무한 자

1. 이렇게 하여 노조규약 제29조 자체가 유효한 것으로 생각하여 2항과 3항만을 개정하였던 것이다.

이상과 같이 증인 이상훈의 증언은 노조규약 제29조 자체가 1989.04.28. 거수로 결의된 그대로 유효한 것으로 생각하여 2항과 3항만을 개정하였다고 증언하였지 위원장 선출방법을 조합원의 직선게로 개정할 것을 전제로 개정하였다 라고 증언하지 않았는데도 2심은 위 이×훈의 증언을 반대로 해석하여 달리 반증이 없다.라고 하며 사실을 왜곡 판시하였습니다.

2)의 판시에는,

위 대의원대회에 참석하여 이의 없이 위 개정 결의에 참여한 원고로서는 가사 위 규약 개정안이 1989.10.14.의 대의원대회에 부의할 사항으로서 미리 공고되지 않았다 하더라도 그 사유를 들어 위 개정 결의의 무효를 주장할 수는 없다 할 것이며. 라고 했는바,

동 임시대의원회를 개최하게 된 동기도 같은 해 04.28. 위원장으로선출된 손×택이 대의원의 직접, 비밀, 무기명 투표에 의하지 아니한 거수 동의로 의결했기 때문에 같은 해 10.10. 임시대의원대회 소집시 까지도 노동부로부터 노조변경신고서가 반려되어 적법한 위원장으로서의 행사를 못하고 있었던 관계로 당시에 그나마도 원고가 절차에 따라 임시대의원회 소집권자지명요청을 하도록 촉구하여 겨우 실시하게 되었으므로, 당시 원고를 위시한 참석대의원 전원이 위원장 선출과정만 위법인 줄 알았지 노조규약 제29조의 개정 역시 위법이었던 사실을 몰랐기 때문에 임시대의원대회 공고시에도 규약 제29조이 위법사항을 치유할 사항은 못하고 주요 안건이었던,

    가. 노조위원장 재선거와

    나. 상부기관 변경문제

두 안건만 부의하였던 것인데 위 안건 중 상부기관 변경문제는 아직까지도 운수회사인 노조가 택시노련이 아닌 관광연맹노련에 가입되어 있다는 모순속에서 헤어나지 못하고 있는 것입니다.

  이와 같이 노조위원장선거 같은 노동조합으로써 가장 중요한 안건토의에 있어서 사전에 충분히 연구검토 하여야 할 기회를 주지 않았음은 민주주의 원칙에 입각한 가장 기본적인 대의원들의 의견결집의 기회를 주지 않은 것이며, 따라서 민주적 회의원칙을 규정한 노동조합법 제27조의 위반이라 하지 않을 수 없습니다.

3)의 판시에서,

  노동조합은 임원의 입후보 자격과 선거절차 등을 자율적으로 정할 수 있다 할 것이므로 피고조합의 위원장 입후보 자격을 조합원수(310명)의 1할에도 못 미치는 조합원 30인 이상의 추천과 조합원 경력 1년 이상인 자로 한다는 개정규약의 내용이 조합원의 권리를 부당하게 침해하는 것으로써 노동조합법 제22호에 위반한다고 할 수 없으므로 피고조합의 개정규약 제29조가 무효임을 전제로 한 원고의 위 주장은 이유없다. 라고 판시했는데,

  노동조합 제23조(임원의선거 등)엥서 1년이상 근로하지 아니 한자는 임원이 될 수 없다 라고한 제2항 자격 기준을 1987.11.28. 삭제했는데,

이렇게 모법에서조차 부당하다 하여 삭제한 자격 제한을 노동조합에서 자율적으로 정할 수 있다. 라고 인정한다는 것은 있을 수 없는 논리입니다.
또한 회의록 원본에 나타난 바와 같이 노조규약 제29조 중 1항과 2항은 거론도 하지 않았고,
3항의 자격조항을 1.2.3.호로 투표에 의해서 개정했다가 1호는 그대로 두고 2호와 3호는 취소하고 다시 조합원경력 1년 이상인 자로 변경 채택하면서 또다시 투표에 의하지 아니하고 구두로 찬성결의 한 것이므로 노동조합법 제19조 제3항의 명백한 위법인 것입니다.

그 다음 둘째 주장에 대한 판시로,
피고조합의 선거관리위원장이 원고에게 입후보 등록에 필요한 서류의 교부를 거절한 것은 그 거절 이유에 비추어보면 실질적으로 원고의 입후보 등록을 거부한 것이라 할 것이고, 노동조합법 제3조 4호 단서가 '해고의 효력을 다투고 있는자를 근로자가 아닌 자로 해석하여서는 아니 된다'고 규정하고 있는 취지에 비추어 볼 때 당시 원고는 위 소외 회사의 근로자의 지위를 유지하고 있었다고 볼 여지는 있다 할 것이나,

1) 위 노동조합법 제3조 제4호 단서는 사용자가 노동조합의 설립이나 존속을 저지하는 것을 막기 위한 규정으로써 일단 해고된 원고가 해고의 효력을 다투고 있어 원고가 피고조합원의 지위를 유지하고 있다고 해석함이 명백한 상황은 아니었을 뿐 아니라,
2) 피고조합의 선거관리위원장은 주무관청인 노동부에 질의하여 원고는 면직된 자로서 피고조합원으로 볼 수 없다는 답변을 듣고 입후보능록서류의 거절이 위법이라고 할 수는 없다 할 것이므로 원고의 위 주장 또한 이유 없다.라고 판시하였는데,

노동조합법 제3조 제4호 단서를 노동부가 사용자의 편에 서서 사용자를 보호하는 탈법적인 해석을 하고있는 사실을 2심 사법부에서조차 동조하고 있는 취지로써 약한 입장에 있는 근로자의 목을 조이는 노동부의 노동운동 탄압을 위한 이러한 지침에 대해서는 1990.11.27. 대법원 전원 합의체에서 '노동조합법 제3조 제4호 단서의 해고의 효력을 다투고 있는 자를 근로

자가 아닌자로 해석하여서는 아니된다.는 규정에 따라 해고 노동자의 조합원 신분도 인정해야 한다'고 밝혀 더 이상 논쟁이 있을 수 없는 판결이 난 바 있음에도 불구하고 노동조합법 제3조 제4호 단서는 사용자가 노동조합의 설립이나 존속을 저지하는 것을 막기 위한 규정이라면서 노동부의 지침에 동조하여 원고가 피고조합의 지위를 유지하고 있다고 해석함이 명백한 상황은 아니었다고 판시하였으며,

피고조합이 노동부의 탈법적인 지침을 인용한 답변을 듣고 입후보 등록서류의 교부를 거절한 것이므로 노동조합법 제3조 제4호 단서를 위배한 처사임에도 대법원의 판례까지 무시하면서 노동부의 그릇된 지침에 동조한 판시를 하였습니다.

이상과 같이 2심에서는 증인의 증언과 법적 근거 등을 모두 반대로 해석하여 진실을 외면하고 있으며,

이렇게 위법한 상황에서 선거를 치루어 당선된 정×길은 노동부의 탈법적인 지침을 이유로 2심 재판에 출두조차 하지 않았으며 이렇듯이 오만한 행위조차 묵인하면서까지 원고의 항소를 기각한 2심판결을 이해할 수가 없습니다.

원고는 1991.04.27.부터 원직에 복귀, 근무하게 되었으나 원고가 짓밟히고 침해당한 권익은 어떻게 찾을 수 있습니까? 과연 이렇게 해도 되는 것인지 진실로 보통 사람으로서는 도저히 이해할 수 없으며 이 사회 최후의 보루인 사법부에서조차 이러한 부당한 행위를 방조 내지 조장하는 판결을 내리고 있으니 힘없는 근로자는 어디에다 호소해야 되겠습니까?

3. 1989.10.10.14:00시에 속개된 제3차 임시대의원회 회의록 원본을 살표보면, 2쪽 4번째 손×택(의장)이,

'조합장 직선제에 30인 이상의 추천을 받아야 된다.라고 규약개정을 하였습니다.'라고 했는데 이 말은 1989.04.28. 연차대의원회에서 대의원의 직접, 비밀, 무기명 투표에 의하지 아니한 거수동의로 조합장선출을 대의원의 간선제에서 조합원의 직선제로 선출한다. 라고 규약개정을 했다는 것을

말한 것이며 이어서 조합장 출마자격에 대한 여러 가지 토론 끝에,

10 조합장 출마자격 요건으로,

　　　가. 30인이상 추천과

　　　나. 입사경력 3년이상 (이×찬)

　　　　〃　 2년이상 (채달기)

　　　　〃　 1년이상 (이상훈)

등의 안건이 나와서 표결에 붙힌결과,

　　　가. 조합원 30인이상의 추천을 받은자 는 만장일치로,

　　　나. 운전원경력 3년이상이자　9명

　　　　〃　　 2년이상인자　2명

　　　　〃　　 1년이상인자　1명

　　　　　　　이외 1명은 기권으로

운전경력 3년이상인자가 다수로 채택되었다가,

다시 운전원경력 3년이,

조합원경력 3년으로 변경채택 되었으며 이어서,

　　　다. 본조근무(서울을 뜻함) 1년이상인자 이렇게 3가지 자격요건

　　　　즉,

　　　가. 조합원 30인 이상의 추천을 받은 자.

　　　나. 조합원경력 3년이상인 자.

　　　다. 본조근무 1년이상인 자.

이렇게 채택된 후 기타사항을 토의하다가,

위와 같이 채택된 자격요건에 대해서 회의록 6쪽 5번째 이×찬의 발언 이하에서 다시 토론 중 15:00시에 잠시 정회(약30분) 하였다가 15:35시 회의를 다시 속개하면서 계속 토의 끝에 위 채택된 가.나.다. 3개항 중,

　　　나. 조합원경력 3년이상인 자.

　　　다. 본조근무 1년이상인 자. 두 안건을 취소하고,

회의록 8쪽 3번째 위원장이

회의록 8쪽 3번째 경력 3년을 1년으로 하고 유권자 다득표 순으로 하자.라고

하면서 다시 개정하였는데, 이렇게 여러 가지 토의 끝에 채택된 조합원경력 1년 이상인자도 또다시 투표에 의하지 아니한 위원장 손×택의 구두결의로 채택된 것이며 이는 노동조합법 제19조 제3항의 명백한 위법인 것입니다.

　　이상과 같이 1989.10.10.14:00시에 있은 제3차 임시대의원회는 오전에 있은제2차 임시대의원회에서 주요 안건이었던 조합장 인선에 대한 하자를 치유하고 오후에 차순을 3차로 변경하여 원고의 차기 조합장 출마를 막기 위하여 원고가 출마할 수 없도록 노조규약 제29조 중 3항의 자격요건만 심의하여 강화하였다가 이를 다시 취소하였을 뿐이며 앞에서 밝힌 바와 같이 1989.04.28. 연차대의원회에서 거수동의로 개정 결의하였던 노조규약 제29조가 법령위반으로 무효인 것을 아무도 몰랐기 때문에 무효가 되어있는 노조규약 제29조 자체를 다시 안건 상정하여 대의원의 직접, 비밀, 무기명 투표로써 무효가 된 하자를 치유할 생각은 하지 못하고 단순히 규약 제29조의 3항 자격요건에 대해서만 토의하였던 것이며 2심에서 판시한 것처럼 위원장 선출방법을 조합원의 직선제로 개정할 것을 전제로 토론하지 않았던 것입니다.

4. 이상의 사실을 요약하면,
　　1) 위조한 회의록의 회의 일자도
　　　　1989.10.10. 14:00시가 아닌
　　　　1989.10.14. 13:00시로 허위이며,
　　2) 피고가 제출한 을제7호증의 회의록은 소외 정×길이 위조하여 제출한 것이고, 이렇게 위조한 회의록을 근거로 한 판결이므로 취소되어야 하고,
　　3) 1989.04.28. 연차대의원회에서 거수동의로 개정하여 무효가 되어있던 노조규약 제29조 중 1, 2.항은 거론도 하지 않고 그대로 두어 무효가 된 하자를 치유하지 않았고 3항의 자격요건만 토론 끝에,
　　　　가. 조합원 30인이상 추천과
　　　　나. 조합원결력 3년 이상인자
　　　　다. 본조근무 1년 이상인자 로 변경 채택 했다가,
　　위 가.는 그대로 두고 나.와 다.를 취소한 후

조합원경력 1년 이상인자로 다시 채택하면서 또다시 투표에 의하지 아니 하고 구두 동의로 결의하였으므로 노동조합법 제19조 제3항의 위법으로 무효이고,

4) 노조규약 제29조의 개정문제는 의제가 아니므로 임시대의원회 공고시 부의하지도 않아 대의원들의 의견결집의 기회를 주지않은 노동조합법 제27조의 위반이었으며,

5) 노동조합법에서조차 부당하다 하여 삭제한 자격 기준을 노조규약에서 자율적으로 정할 수 있다 하고 인정한 것은 노동조합법 제23조의 명백한 위반이며, 1967.06.10. 노정노1452-4265에서도 '임원 혹은 대의원의 피선거권을 조합가입 연수에 의해 제한하는 것은 균등 참여를 규정한 노동조합법 제22조에 위배 한다'라고 하였습니다.

6) 노동조합법 제3조 제4호 단서의 '해고의 효력을 다투고 있는 자를 근로자가 아닌 자로 해석하여서는 아니 된다'라는 규정을 사용자가 노동조합의 설립이나 존속을 저지하는 것을 막기 위한 규정이라면서 노동부의 탈법적인 해석과 지침에 사법부가 동조하여 '원고가 피고조합의 지위를 유지하고 있다고 해석함이 명백한 상황이 아니었다'라고 판시한 것은 1990.11.27. 대법원 전원합의체에서 결론이 난 판례까지 무시한 명백한 잘못이며,

7) 증인 이×훈의 증언에서도 원고가 주장하는 바를 그대로 인정하고 있음에도 증언 사실을 반대로 해석하여 사실을 왜곡하고 있습니다.

또한 소외 회사는 원고를 계획적으로 해고시킨 뒤 노조위원장 선거를 치루었고 노조위원장 선거를 치룬 후 원고를 복직 시켰지만 회사가 뜻한바 대로 원고는 노조위원장 선거에서 배제되고 원고의 권익만 침해당하였습니다. 원고의 경우처럼 사용자의 계획적이고 자의적인 부당한 해고로 특정 근로자를 노조위원장 선거 같은 여러 가지 노조 활동에서 원천적으로 참여할 길을 막아버리는 이러한 부당한 행위를 일삼지 못하도록 준엄한 법의 심판이 있어야 될 줄 압니다. 이러한 행위를 방조하면 앞으로도 얼마나 많은 사용자들의 부당한 노동행위가 자행될지 모를 일입니다.

그리고 소외 정×길은 위조한 회의록을 제출 하므로써 노조규약 제29조

의 개정절차가 노동조합법 제19조 제3항의 위법이었던 사실을 치유한 것처럼 해서 원고를 위시한 사법당국을 우롱하였지만, 원고는 소외 정×길에게 명예로운 퇴진을 하고 합법적인 정당한 노동조합의 출범을 위한 기회를 주기 위하여 별첨한 바와 같은 통고서를 내용증명 우편으로 통고하여 원고의 제의에 응하지 않을 경우 부득이 사직 당국에 사문서위조 및 동 행사 혐의로 고소할 것임을 분명하게 통고하였으나 소외 정×길은 원고의 제의에 응하지 않아 원고는 1991.06.01. 서울지방검찰청에 사문서위조 및 동 행사 혐의로 고소하였으므로 이점 참조하여 주시기 바랍니다.

원고는 이상과 같은 사유로 1심과 2심에서 사실을 외면한 판결을 취소하여 주시기 바라면서 이에 상고를 하게 된 것입니다.

첨 부 서 류

1. 제3차 임시대의원회 회의록 원본(정서본) 사본 1부
2. 제3차 임시대의원회 회의록 원본(원서기록분) 사본 1부
3. 제2차 임시대의원회 회의록 원본(원시기록분) 사본 1부
4. 위조한 제3차 임시대의원회 회의록(을제7호증) 사본 1부
5. 증인신문조서 등본 사본 1부
6. 복직통지서 사본 1부
7. 통고서 사본 1부

1991. 06. 04.

위 원고(상고인) 채 달 기

대법원 귀중

목록9)-4 보충상고의이유서

보충상고의 이유서

91다 013313

    원고(상고인) 채 달 기
    피고(피상고인) 건양기업(주)운수노동조합

 위 당사자간 귀원 91다 014413 노조위원장선거무효 등 청구사건에 관하여 원고(상고인)는 1991.06..04. 상고이유서를 제출하였으나 본 사건 중 보충할 자료가 있어 별첨과 같이 제출하오니 참고하여 주시기 바랍니다.

              1991. 07. 15.
            위 원고(상고인) 채 달 기

대법원 귀중

보충상고 이유서

원고(상고인)가 1991.04.01. 복직하게 되어 소외 정×길이 주장하던 조합원의 자격요건을 갖추게 되므로써 2심에서 소외 정×길이 거절했던 관련 서류의 열람과 사본제출을 다시 요구하여 그 사본을 교부받아 확인한 결과 노동부와 결탁한 위법행위를 발견하게 되었으며 그 내용을 간추리면 아래와 같습니다.

1. 1990.02.20.　　　노조위원장선거를 조합원의 직선제로 실시
　 1990.02.22.　　　정 × 길 당선
2. 1990.03.02.　　　원고가 노동부에 진정, 노조규약 제29조 임원선거의 개정절차가 노동조합법 제19조 제3항 위반
3. 1990.03.09.　　　노동부, 결의사항의 보고 지시
4. 1990.03.14.　　　위원장 당선자 정×길은 선거 전 노조규약 제29조를 개정한 1989.04.28. 대의원회의록을 첨부한 노동조합 설립 신고사항 변경신고서와 관련 서류를 제출하였으나
5. 1990.03.16.　　　노동부는 1989.04.28. 대의원대회에서 노조위원장 선거를 조합원의 직선제로 한다고 개정한 노조규약 제29조의 개정절차가 거수, 동의로 개정하여 노동조합법 제19조 제3항의 위반으로 무효이므로 노동조합설립 신고사항 변경신고서가 반려되었습니다.

    (변경신고서 반려 후 위원장 당선자 정×길은 1989.04.28.의 회의록 중 거수, 동의로 개정한 부분을 투표로 개정하였다고 변조하였고, 이렇게 변조한 회의록을 현재 비치하고 있습니다.)

6. 1990.05.09.　　　무효가 되어있던 노조규약 제29조를 1990.05.08. 임시대의원회를 개최하여 절차에 따라 다시 개정하고, 그 회의록과 규약을 첨부하여 1990.05.09. 노동조합 설립사항 변경신고를 다시 접수

    (실제로 선거는 노조규약 제29조에 의하여 실시하였고, 1차 변경신고시에도 노조규약 제29조에 의하여 실시했다고 하고서 1990.05.09. 재신고시에는 노조규약 제29조가 아닌 노동조합법 제19조에 의하여

실시하였다고 신고 하였습니다.)

7. 1990.05.15.   노동부는,

대표자 선출에 따른 임시대의원대회 소집 공고문의 제출을 요구하는 노동조합설립 신고사항 변경신고서 보완을 지시하였는데

8. 1990.05.19.   위 보완보고 중

대표자 선출에 따른 임시대의원회 소집공고문이 아닌

(대표자 선출은 1990.02.20. 이미 실시했으므로)

    가. 노동조합규약 개정안 심의
    나. 기관지 발간규정
    다. 선거관리규정 심의
    라. 기타토의

등의 안건심의를 위하여 1990.05.08. 개최한 임시대의원대회의 소집을 1990.04.23. 공고한 공고문을 제출

9. 1990.06.23.   노동부는 1990.05.09. 재신고한 노동조합 설립사항 변경신고서에 의하여 변경신고증을 교부하였는데,

1990.02.20. 위원장선거를 실시해 놓고 선거 후 1990.05.08.에 있은 임시대의원회에서 정식절차에 따라 변경한 회의록에 의거 노동조합 설립사항 변경 신고증을 교부하였는데 이는 앞뒤가 맞지않는 위법한 행위를 묵인 방조한 피할 수 없는 범죄행위라 하지 않을 수 없습니다.

다시 말하자면, 먼저 선거부터 치른 후 규약개정한 것이 되므로 그 선거는 무효이며,

노동부 관계자는 변경신고증을 교부하지 말았어야 했습니다.

원고는 노동부의 이같은 처사를 어떻게 해석해야 할지 도저히 헤아릴 길이 없습니다.

이상과 같은 절차를 보다 상세히 밝히자면 다음과 같습니다.

1) 원고는 건양기업(주)운수노동조합이 노조규약제29조 임원선거를 개정함에 있어 대의원들의 직접,비밀,무기명투표에 의하지 아니한 거수,동의로 개정결의 하였으므로 노동조합법 제19조 제3항의 위반사항이므로 조사하여 시정해 줄 것을 1990.03.02. 노동부장관에게 진정하였던바, (1)

2) 노동부장관은 노조01254-3455(1990.03..09.)로 규약개정절차의 노동관계 법령위반 여부를 관계회의록 등을 제출토록 하여 이를 검토하여 조치할 것이라고 원고에게 회시하였고, (2-1)

동 운수노조 당선자에게는

　　* 개정된 규약 및 관계 회의록(미보고분 일체)과
　　* 기타결의사항(회의록첨부)

등을 1990.03.20.까지 보고하도록 통지하였으며, (2-2)

3) 동 운수노조 당선자는,

　　가) 전관건노 제17호(1990.03.14)로써 (3-1)

　　　　1. 규약사본 1부
　　　　2. 연차대의원 회의록 1부
　　　　3. 임시대의원 회의록 1부

등을 첨부한 결의사항 보고와,

　　나) 같은 날자 전관건노 제18호로써 (3-2)

　　　　1. 변경신고서 1부
　　　　2. 변경사유서 1부
　　　　3. 변경사항 입증서 1부
　　　　4. 설립신고증 1부

등을 첨부한 노동조합 설립사항 변경신고와,

　　다) 같은 날자 전관건노 제19호로써 (3-3)

　　　　대의원대회 개최통보(1990.03.16.)

등의 관련 서류를 노동부에 제출하였으나,

4) 노동부장관은 노조32253-3836(1990.03.16.)으로

　　노조규약 제29조(직선제로 임원선출) 개정절차가 노동조합법 제19조 제3항에 위반되어 무효이므로 노동조합설립 신고사항 변경신고서는 반려하였습니다. (4)

5) 그후 원고도 재차 동 노조규약 제29조(임원선거)의 개정절차가 법령위반 상태에서 위원장 선거가 치루어졌고 이렇게 비합법적인 상태에서 선출된 노조위원장에 의해 대의원선거까지 치루어 졌으므로 모두 무효임을 주장하는 진정을 1990.04.30. 노동부장관에게 제출하였으나, (5)

6) 노동부장관은 동 운수노조 당선자가 조작하여 1990.05.09. 다시 제출한 노동조합설립사항 변경신고서를 (6-1) 접수한 후 노조32253-6970으로 노동조합설립 신고사항 변경신고서 보완조치를 지시하였고, (6-4)

이 지시에 의하여 동 운수노조 당선자는 전관건노 제35호(1990.05.19.)로써 형식적인 보완보고(6-5)를 하였으며, 여기에다 1989.10.10. 14:00시에 실시한 제3차 임시대의원회 회의록을 제출하면서 원본이 아닌 변조한 회의록을 제출하였었는데,

7) 노동부장관은 이렇게 변조한 회의록과 노동부로부터 1990.03.16. 노조설립사항 변경신고서가 반려된 후 1990.05.09. 조작하여 다시 제출한 변경신고서와 형식적으로 보완 조치한 보고서를 가지고 원고에게는 1990.06.23. 적법성이 인정된다는 통보를 하고 같은 날 자로 동 운수노조 당선자에게는 노조설립신고사항 변경신고증을 교부하였으며, 이후 원고와는 몇차례 주고 받은 서신문답 끝에 원고가 지적하고 있는 문제점을 밝히지 못한채,

노조32253-10131(1990.07.19. 민원 회시로써 일방적으로 내부종결처리 하겠다고 회시하였는데, 노동부의 이같은 일방적인 처리가 잘못임을 구체적으로 지적하면 다음과 같습니다.

첫째, 1989.10.10. 14:00시에 실시하였던 임시대의원회 회의록을 변조하여 제출하였고 1990.05.08. 실시한 임시대의원회에서 노조규약 제29조 개정절차가 거수로 결의하여 잘못되었다고 노조위원장에 당선된 정×길과 함께 경선하였던 이×보가 다 같이 실토하고 있습니다. 즉,1990.05.09. 조작하여 다시 제출

한 노동조합설립사항 변경신고서(6-1) 중 1990.05.08. 실시한 대의원회 회의록(6-3) 15-4쪽 2째줄에서 의장인 정×길이 '현재의 규약은 1987.06.29. 개정된 것을 현실에 맞도록 89년도 대의원대회에서 개정하였으나 노동조합법 제19조 제3항 위반으로 무효가 되었습니다. 그러므로 이번 임시대의원대회에서 절차를 밟아야 하겠습니다'라고 하면서 당선자 자신이 89년도에 개정한 규약이 노동조합법 제19조 제3항 위반으로 무효가 되었다고 실토하였으며,

동 회의록 15-9쪽 10째줄에서부터 시작하여 14째줄에서부터 당선자 정×길과 경선했던 9번대의원 이×보도 89년도 규약개정이 잘못이었다고 실토하고 있습니다.

둘째, 1990.03.14. 1차 제출한 변경신고서 중 변경신고사유서(3-2)에서 전조합원의 직선제로 새 위원장 선출을 실시한 근거를,

　　　　조합규약 제29조 1항에 의하여 실시하였다고 해놓고,

동 조합규약 개정절차가 노조법 제19조 제3항에 위반되어 신고서가 반려된 후,

1990.05.09. 2차로 다시 제출한 변경신고서 중 변경사유서(6-2)에서는

　　　　조합규약 제29조 1항이 아닌,

　　　　노동조합법 제19조 2항에 의하여 실시하였다 라고 하며 그때 그때 편리한대로 그 근거를 갖다 붙히고 있는데, 그렇다면 노조규약의 존재가 무슨 필요가 있습니까?

셋째, 노조32253-6970 (1990.05.15.) 노동조합설립신고사항 변경신고서 보완지시에 따른 사항 중

　　　　* 대표자선출에 따른 임시대의원회 소집 공고문 사본제출의 지시를 전관건노 제38호(1990.05.19.)로 제출한 변경신고서 보완보고에는 대표자선출에 따른 임시대의원회 소집공고문이 아닌 노조위원장선거가 끝난 후 당선된 정×길에 의해 선거가 실시된 1990년도 대의원 당선자들의 임시대의원대회에서,

　　　　* 노동조합규약 개정안 심의 등을 토의하기 위한 대의원소집 공고문을 제출하였습니다. (6-6)

이상의 사실을 다시 한번 요약하면,

1. 1989.10.10. 14:00시에 있은 제3차 임시대의원회 회의록을 변조하여 제출하였고,
2. 노조위원장 당선자인 정×길과 9번대의원 이×보가 1990.05.08. 임시대의원회에서 노조규약 제29조를 개정하면서 1989년도에 있은 노조규약 제29조의 변경절차가 잘못되었다고 실토하고 있으며,
3. 노동부장관이 지시한 변경신고서 보완서류인 '대표자 선출에 따른 임시대의원회 공고문'이 아닌 '노동조합 규약개정안심의' 등을 토의하기 위한 공고문 제출 등

이상과 같이 제반 사항이 변조와 모순으로 앞뒤가 맞지 않게 조작하여 형식만 갖추어 놓고 있을 뿐인데도 노동부장관은 이에 대하여 올바르게 지도하여 바로잡지는 않고 '노동조합설립신고사항 변경신고증'을 교부하였습니다.

이는 무사안일주의와 편의위주의 대표적인 예로써 권위주의적 권리남용이라 하지 않을 수 없습니다.

또한 노동부 관리자는, 원고는 해고된 자로서 설마하니 복직되어 이 같은 사실을 문제 삼으리라고는 생각지도 못하고 어느 정도 시일만 지나면 별문제 없겠거니 하는 안이한 생각으로 사실을 왜곡하여 처리한 것입니다.

그러나 진실은 꼭 밝혀지는 것이며 관련자는 법에따라 엄중히 문책을 받아야 하겠습니다.

이렇게 왜곡된 사실을 상급 법원에서 꼭 바로잡아 주시기 바랍니다.

1991. 07. 15.

위 원고(상고인) 채 달 기

대 법 원 귀중

목록9)-5 대법원판결 원심 파기환송 노조위원장선거 무효 (원고 승)

대 법 원
제 2 부
판 결

사　건　　　　　91다14413　　　노조위원장선거무효확인

원고.상고인　　　채　달　기 (蔡　達　基)

　　　　　　　　　서울 성동구 성수동 2가 36의 142

피고.피상고인　　건양기업주식회사운수노동조합

　　　　　　　　　서울 용산구 이태원동 34

　　　　　　　　　대표자 위원장 정 × 길

원심판결　　　　서울고등법원 1991. 04. 03. 선고　90나45832판결

주　문　　　　　원심판결을 파기한다.

　　　　　　　　사건을 서울고등법원에 환송한다.

이　유　　　　1. 원심판결이 확정한 사실관계의 요지

　　　　　　　　가. 피고조합에서는 1989.04.28. 대의원 18명중 원고를 포함한 16명의 대의원이 참석하여 대의원대회를 개최하고, 피고조합의 위원장을 대의원대회에서 선출하도록 규정하고 있던 규약 제29조를 "위원장 선거는 전조합원의 직선제로 한다. 위원장 출마자격은 조합원 30인 이상의 추천을 받은 자로 한다"는 등의 내용으로, 참석대의원 전원의 동의를 얻어 개정결의를 하고,

이어서 1989.10.14.에는 대의원 18명중 퇴사 또는 사임한 대의원 5명을 제외하고 원고를 포함한 13명의 대의원 전원이 참석하여 대의원대회를 개최하고, 위원장 선출방법을 직선제로 개정할 것을 전제로 직선제로의 개정규정에 대한 설명에 이어 토론 끝에 위원장 입후보자격을 조합원 30인 이상의 추천과 조합원경력 1년이상인 자로 한다는 개정안을 상정하고 직접·비밀·무기명투표를 실시하여 개표한 결과 참석대의원 전원의 찬성으로 위 개정안과 같은 개정결의를 하였다.

나. 피고조합의 규약 및 선거관리규정에 따라 피고조합의 선거관리위원회는 1990.02.06. 피고조합의 위원장선거를 공고하고 02.08. 후보자등록을 마감한 후 02.20. 피고조합원의 직접·비밀·무기명투표에 의한 선거를 실시하였으나 과반수득표자가 없어, 02.28. 다시 투표를 실시한 결과 소외 정×길이 과반수를 득표하여 피고조합의 위원장으로 선출되었다.

다. 원고는 1987.12.10. 사용자인 소외 건양기업주식회사에 입사하여 피고조합의 조합원으로 가입한 후 근무하다가, 1989.10.22. 위 소외 회사로부터 해고를 당하였으나 11.07. 서울지방노동위원회에 부당노동행위구제신청을 하였는데, 피고조합의 위원장선거에 입후보하기 위하여 1990.02.06. 위원장선거에 입후보하려는 자는 소정의 양식인 입후보등록신청서 및 추천서 등을 갖추어 선거공고후 3일 이내에 선거관리위원회에 등록하도록 되어 있는 피고조합의 선거관리규정에 따라 피고조합의 선거관리위원회에 입후보등록에 필요한 서류의 교부를 요청하였으나, 피고조합의 선거관리위원장인 소외 윤×용은 노동부에 질의한 결과 원고가 위 소외 회사로부터 면직된 자로서 피고조합원으로 볼 수 없다는 답변을 듣고 원고에게 피선거권이 없다는 이유로 입후보등록에 필요한 서류의 교부를 거절하였다.(원고는 1990.02.09. 서울지방노동위원회로부터 구제명령을 송달받았고, 위 소외 회사가 중앙노동위원회에 재심을 신청하였으나 05.25. 재심신청이 기각되었다).

2. 원고의 상고이유 제1점에 대한 판단

소론이 지적하는 점(피고조합의 위원장선거가 실시되기 전에 개최된 피고조합의 대의원대회에서 직접 · 비밀 · 무기명투표에 의하여 출석한 대의원 전원의 찬성으로 위원장을 직선으로 선출하는 것을 전제로 규약을 개정하기로 의결이 된 점)에 관한 원심의 인정판단은, 원심이 설시한 증거관계에 비추어 정당한 것으로 수긍이 가고, 그 과정에 소론과 같이 증거의 판단을 그르쳐 사실을 잘못 인정한 위법이 있다고 볼 수 없다(다만 위와 같은 의결을 한 대의원대회의 개최일자는, 원심이 인정한 1989.10.14.이 아니라 소론이 지적하는 바와 같이 10.10.임이 엿보이기는 하나, 그 대의원대회가 피고조합의 위원장선거가 실시되기 전에 개최되어 위원장의 선거방법에 관한 규약을 개정하기로 의결을 한 이상, 원심이 대의원대회의 개최일자를 다소 잘못 인정하였다고 하더라도 이는 판결에 영향을 미칠만한 사유가 될 수 없음이 분명하다.

논지는 결국 원심의 전권에 속하는 사실의 인정을 비난하거나 원심이 인정한 사실과 상치되는 사실을 전제로 원심의 판단을 헐뜯는 것에 지나지 아니하여 받아들일 수 없다.

3. 같은 상고이유 제2점에 대한 판단

사실관계가 원심판결이 적법하게 확정한 바와 같이 피고조합의 대의원대회에 재적대의원 전원이 출석하여 전원의 찬성으로 피고조합의 위원장을 직선으로 선출하는 것을 전제로 규약을 개정하기로 의결을 한 것이라면, 소론이 지적하는 바와 같이 피고조합이 그 규약개정안을 회의에 부의할 사항으로 미리 공고하지 아니한 채 대의원대회를 개최한 절차상의 흠이 있다고 하더라도, 그렇다고 하여 그 대의원대회의 결의 자체를 무효라고 볼 수는 없다고 할 것이므로, 같은 취지의 원심의 판단은 정당하고, 원심판결에 소론과 같이 노동조합법 제27조의 법리를 오해한 위법이 있다고 볼 수 없다. 논지도 이유가 없다.

4. 같은 상고이유 제3점에 대한 판단.

노동조합이 규약으로 임원이 될 수 있는 자격을 일정한 수 이상의 조합원의 추천을 받은 자 및 노동조합원이 된 때로부터 일정한 기간이 경과한 자로 제한한 경우에도, 추천을 받아야 할 조합원의 숫자가 전체 조합원의 숫자에 비추어 소수조합원의 권리를 해할 우려가 있는 정도에 이르지 아니하고, 요구되는 기간이 사용자와 노동조합의 실정을 파악하여 노동조합의 일원으로 직무를 수행하는 데에 필요하다고 인정되는 합리적인 기간을 넘어서는 것이 아니라면, 노동조합이 자주적인 판단에 따라 규약으로 정할 수 있는 것으로써 조합원들의 피선거권에 평등에 대한 현저한 침해라고는 볼 수 없으므로, 그와 같은 규약은 노동조합법

제22조에 위반하는 것이 아니라고 봄이 상당하다.

따라서 원심이 이와 취지를 같이하여 피고조합의 위원장 입후보자격을 전체 조합원의 수(310명)의 1할에도 못미치는 조합원 30인 이상의 추천과 조합원경력 1년 이상인 자로 제한하는 내용의 개정규약이 노동조합법 제22조에 위반된다고 할 수 없다고 판단한 것은 정당하고, 원심판결에 소론과 같이 법리를 오해한 위법이 있다고 볼 수 없으므로, 논지도 이유가 없다.

5. 같은 상고이유 제4점에 대한 판단.

가. 원심은, 피고조합의 선거관리위원장이 원고에게 입후보등록에 필요한 서류의 교부를 거절한 것은, 그 거절이유에 비추어 보면 실질적으로는 원고의 입후보등록을 거부한 것에 해당한다고 판단하면서도, 노동조합법 제3조 제4호 단서는 사용자가 노동조합의 설립이나 존속을 저지하는 것을 막기 위한 규정으로써, 일단 해고된 원고가 해고의 효력을 다투고 있어 원고가 피고조합원의 지위를 유지하고 있다고 해석함이 명백한 상황은 아니었을 뿐 아니라, 피고조합의 선거관리위원장이 주무관청인 노동부에 질의하여 원고를 피고조합원으로 볼 수 없다는 답변을 듣고 입후보등록서류의 교부를 거절한 이상, 원고의 입후보등록을 거부한 결과가 되었다고 하더라도 위 서류교부의 거절이 위법한 것이라고 할 수는 없다고 판단하여, 피고조합이 원고의 위원장 입후보등록을 막았기 때문에 피고조합의 위원장선거가 무효라는 원고의 주장을 배척하였다.

나. 그러나, 노동조합법 제3조 제4호 단서는 "해고의 효력

을 다투고 있는 자를 근로자가 아닌 자로 해석하여서는 아니된다"고 규정하고 있는바, 이 규정의 취지가 원심이 판시한 바와 같이 단지 사용자가 정당한 이유 없이 근로자를 해고함으로써 노동조합의 설립이나 존속을 저지하는 것을 막기 위한 것에 그치는 것이 아니라, 해고된 근로자가 해고된 때로부터 상당한 기간 내에 노동위원회에 부당노동행위구제신청을 하거나 법원에 해고무효확인의 소를 제기하여 그 해고의 효력을 다투고 있는 경우에는, 그 해고에도 불구하고 근로자의 신분이나 노동조합원으로서의 신분을 계속 보유하는 것으로 보아 그 취지를 보장하여 주려는 데에도 있는 것이므로(당원 1990.11.27.선고. 89도1579 전원합의체 판결 참조), 원고가 위 소외회사로부터 해고를 당하였다고 하더라도 원심이 인정한 바와 같이 상당한 기간 내에 서울지방노동위원회에 부당노동행위구제신청을 하여 그 해고의 효력을 다투고 있었다면, 위 법규정의 취지에 비추어 피고조합원으로서의 지위를 상실하는 것이라고는 볼 수 없으니, 위 소외회사의 해고처분 때문에 원고가 피고조합의 위원장이 될 수 있는 자격이 없다고 할 수는 없다.

또한 원고가 피고조합의 위원장이 될 수 있는 자격을 갖추고 있었다면, 피고조합의 선거관리위원장이 원심이 판시한 바와 같이 노동부에 질의한 결과 원고를 피고조합원으로 볼 수 없다는 답변에 따라 원고에게 입후보등록서류의 교부를 거부하였다고 하더라도, 피고조합의 선거관리위원장이 그로 인한 불법행위의 책임을 면할 수 있는 것인지의 여부는 별론으로 하고, 피고조합의 선거관리위원장이 원고의 위원장입후보등록을 거부한 것은 노동조합법 제3조 제4호 단서의 규정과 조합원의 균등한 권리와 의무를 정한 같은법 제22조의 규정에 위반된 것이라고 하지 않을 수 없다.

다. 그럼에도 불구하고, 원심은 위와 같은 이유만으로 원고의 피선거권을 위법하게 박탈한 채 실시한 피고조합의 위원장선거가 무효라는 원고의 주장을 배척하였으니, 원심판결에는 노동조합법 제3조 제4호 단서 및 제22조에 관한 법리를 오해한 위법이 있다고 하지 않을 수 없고, 이와 같은 위법은 판결에 영향을 미친 것임이 명백하므로 이 점을 지적하는 논지는 이유가 있다.

6. 그러므로 원심판결을 파기하고 다시 심리판단하게 하기 위하여 사건을 원심법원에 환송하기로 관여법관의 의견이 일치되어 주문과 같이 판결한다.

1992. 3. 31.

재판장 대 법 관 윤 ×
　　　　 대 법 관 최 × 호
　　　　 대 법 관 김 × 한
　　　　 대 법 관 김 × 준

목록10)-1 원심판결 취소 서울고등법원 제4민사부

서 울 고 등 법 원

제 4 민 사 부

판 결

사　　건	92나　23584　노조위원장선거무효확인
원고, 항소인	채　달　기　(蔡　達　基)
	서울 성동구 정수동2가 36-142
피고, 피항소인	건양기업주식회사 운수노동조합
	서울 용산구 이태원동 34
	대표자 위원장 정 × 길
변론종결	1992. 09. 02.
원심판결	서울민사지방법원 1990.08.17.선고, 90가합26476판결
환송판결	대 법 원　1992.03.31.선고, 91다 14413판결
주　　문	1. 원심판결을 취소한다.
	2. 피고가 1990.02.20. 실시한 피고의 위원장선거는 무효임을 확인한다.
	3. 소송비용은 제1,2심 모두 피고의 부담으로 한다.

청구취지 및 항소취지   주문과 같다.

이   유   -이하생략-

     1992.　09.　23.

   재판장　　판　사　　김　×　섭

      판　사　　최　　×

      판　사　　부　×　욱

목록10)-2 아리랑 소식지 창간호

"아리랑 소식지" - 창간호 -

편집인 : 교선부장 이인석
펴낸이 : 위원장 채달기
펴낸날 : 1995년 1월 10일

펴낸 곳 : 건양기업(주)운수노동조합 서울특별시 용산구 이태원동 34 ☎ 795-9130 우 140-200

창간사 위원장 채달기

조합원 여러분, 새해 복 많이 받으시기를 기원합니다.
1994년 무술년을 보내고, 1995년 을해년을 맞이한 새해 벽두에 과거 말로만 하던 노보를 발행하게 되었습니다.
조합은 조합원에게 알려야 할 중요사항들을 그때그때 공고를 통해 알려 드리고 있지만,

노보를 발행하므로써, 그간 있었던 크고 작은 일들과 조합원들의 근황 및 경조사 등을 여러분에게 소상히 알려 드리고 조합원 상호간의 정보교환은 물론, 조합의 운영상황의 공개를 통하여 조합원의 알권리를 충족하는 등 노보의 역할이 적지 않으리라 생각합니다.

저희 노동조합 간부일동은 이 '아리랑소식지'가 여러분의 창구가 되어 노보로써의 사명을 다할 수 있도록 최선을 다해 노력하겠으며,
조합원 여러분께서도 아낌없이 성원해 주시고 투고를 통해 '아리랑소식지'를 빛내주시기 바랍니다.
다시 한번 조합원 여러분의 가정에 을해년 새해를 맞이하여 행운이 함께 하기를 빌면서 인사를 대신 하겠습니다. 감사합니다.

노동조합 동정

◆ **무전기 수리**
3년여에 걸친 무전기 혼신에 따른 중계기교체건에 관하여 문제점을 제시, 이의 시정을 촉구. (건노94- 1994.10.17.)

◆ **박윤철 조합원**
전근대적인 인사행정의 표본이었던 박윤철 조합원의 2년 6개월에 걸친 동두천에서 서울로의 출퇴근에 종지부를 찍고 1995.1.1. 부터 동두천 근무를 하도록 조치.
(건노94-04, 1994.11.4.)

◆ **노조규약 변경**
20여년동안 형식에 불과했던 노조규약을 현조합 출범과 함께 전체 조합원의 찬성으로 대한민국 어디에 내놓아도 손색없는 가장 민주적인 규약으로 변경하므로써 앞으로 조합원의 권익보호에 기여할 토대를 마련.
(건노94-05, 1994.11.5.)

◆ **제1차 임금협상**
현집행부 출범후 94년도 제1차 임금협상 통보, 1994. 11.22 임금협상.
(건노94-06, 1994.11.10.)
임금인상 요구안
① 기본급 55%인상
② 인센티브
   서 울 $4.00 인하
   동두천 $5.00 인하
③ 능률급기준
   4:6을 6:4로 조정
1일수입금 $100.00 기준시
수령액 : ₩874,320

◆ **제2차 임금협상**
제2차 임금협상을 1994.12.24. 14:00시로 통보하였으나 회사측 사정으로 1995.1.12.로 연기. (건노94-27, 1994.12.20.)

◆ **자차피해복구비 부담 폐지**
과거 집행부의 협조에 오랫동안 운전원에게 자차수리 견적금액의 20%를 부담시키던 부당한 관행을 1994년11월부터 중단.
따라서 상조회비 공제도 94년11월부터 폐지하고 상조회장 업무를 서울은 부위원장 박재엽,
부위원장 최용전에게, 동두천은 부위원장 김경호에게 각각 맡기고, 차량사고 발생시 구 상조회장의 업무를 조합원을 위해 헌신적으로 봉사하도록 함.
(건노94-07, 1994.11.11.)

◆ **임금협정 무효통보**
전 집행부가 현집행부의 출범 하루전날인 1994.10.31.을 기하여, 관리직,정비직,배차직에 대한 임금협정을 전격적으로 체결한데 대하여 이의 부당함을 알리고 무효통보.
(건노94-10, 1994.11.14.)

◆ **인사발령철회 및 관련자 처벌요구**
노동조합이 1994.10.12.실시한 노조위원장선거에서 엄정중립을 지켜야 할 회사가 노조위원장선거에 개입하여, 회사측이 지지하는 후보가 낙선된 데에 대한 책임으로 관리자들을 문책하는 인사발령을 하므로써 회사가 노조선거에 깊숙이 개입한 사실이 드러난 데 대하여, 통계실 주임 한사람은 사퇴했으므로 어떻 수 없으나, 부당한 인사발령을 한 ×××을 원근무지 발령조치를 하게 하고, 터무니없는 보고를 하여 대표이사와 사업소장의 눈을 어둡게 하여 있을 수 없는 실수를 하게 한 동두천 영업소장을 파면조치 할 것과, 대표이사와 사업소장의 공개사과를 요구함.
(건노94-19, 1994.11.28.)

◆ **운행일보 서명폐지요구**
운전원이 그날의 운송수입금을 입금하는 과정에서, 운행일보를 통계실 주임에게 서명 받게 하므로써, '금품수수'의 부조리가 발생하고 있으므로 이의 근절을 위해 통계실을 거쳐 운행일보에 서명 받는 제도를 폐지해 줄 것을 요청.
(건노94-21, 1994.12.5.)
이에 대해 회사는 현재 진행중인 전산화작업이 완료되면 운행일보의 서명이 폐지된다는 답변이었음.

◆ **신차량배정**
입사순위로 차량배정을 하도록 강력히 요구하여 과거 일부 편파적 배차를 하던 잘못을 근절시킴.
(건노94-22, 1994.12.7.)

◆ **사우회 운영권 인수**
지금까지 사우회장을 영업부장 당연직으로 운영하던 것을 1994.12.16. 운영위원회(사우회)에서 사우회장을 노조위원장으로 변경하고 사우회칙을 개정, 1994.12.21.을 기하여

노조위원장이 사우회장 업무를 인수하고 사우회 운영에 따른 문제점을 시정.
① 대출에 따른 보증인 폐지.
② 경조사 발생시 서명금액의 90% 범위에서 이자 없이 가불.

인 사

● 입사
(서울)
조은주 (전화원) 94.10.20.
이성반 (운전원) 94.10.26.
한영진 (〃) 94.11. 2.
안승성 (전화원) 94.11. 2.
전건주 (운전원) 94.12. 3.
전동주 (〃) 94.12.15.
이민재 (〃) 〃
(동두천)
김경재 (운전원) 94.10.27.
김성배 (〃) 〃
이병훈 (〃) 〃
김광훈 (〃) 〃
곽동주 (〃) 〃
최봉준 (〃) 〃
송명석 (〃) 94.11.10.
구용본 (〃) 〃
장기풍 (〃) 〃
(대구)
이선희 (운전원) 94.12.26.

● 퇴사
(서울)
김재호 (운전원) 94.10.31.
김중근 (〃) 94.11. 1.
김안주 (〃) 94.11.
한회남 (〃) 94.11.
장우린 (전화원) 94.12. 5.
금기둥 (〃) 94.12.16.
(동두천)
김혜숭 (운전원) 94.10.31.
임재욱 (〃) 94.11.10.
(대구)
한선근 (〃) 94.12. 8.

조합원 소식

♥ 결혼
(서울)
최연용 자(여) 공군회관 94.10.23.
이만옥 자(여) 공군회관 94.11.12.

● 부의
(서울)
이성규(모친별세) 94.11.16.
최충효 (〃) 94.12.20.
(동두천)
이재평(부친별세) 94.12. 9.
(대구)
이종태(부친별세) 94.10.21.

★ 사고
김대수 (S-229)
94.12.18. 19:30시 TMP에서 Gate #52 방향으로 진행중 반포교에서 시내 방향으로 신호를 위반하고 질주하던 좌석버스와 충돌(피해), 전치2개월의 중상을 입고 현재 순천향병원 925호실에 입원가료중.

임택순 (S-714)
94.12.26. 21:30시 TMP에서 Gate #52 방향으로 진행중 반포교에서 시내 방향으로 신호를 위반하고 질주하던 소나타 승용차(음주운전)와 충돌(피해), 전치3주의 상해를 입고 가료중.

조합원 투고

◆ '95돼지해에 돼지의 사명감 (S-601호 전용준)

어느 고을에――
일년이면 쌀을 5천석이나 하는 황부자가 살았다.
이 잡안에는 소,닭,개,돼지 등 가축도 많았는데, 하루는 이 집안의 주인마님의 생일이 돌아와 진수성찬을 차리고 친지는 물론, 이웃사촌을 초대해서 잔치를 벌이려는 계획이어서 집안에 모든 가축들을 불러모으고 주인이 차례로 물어 보았다.
먼저 '소'에게 물었다.
이번 나의 생일잔치에 너를 잡아서 많은 사람들에게 푸짐한 고기를 대접 하겠노라고 했더니 다른 가축들은 안도의 한숨과 함께 주인마님의 말씀이 옳다고 했다. 그러나 '소'는 당당한 자세로 목에 힘주어 입을 열었다.
주인님!
마님 댁엔 일년에 5천석이나 많은 쌀 농사를 해야하고 그 외에도 밭농사도 있고하니 저의 힘이 아니고서는 농사일에 어려움이 있어 저는 주인마님의 농사일을 도와야 하는 '사명감'때문에 제가 희생되어서는 안됩니다.라고 말하고는 바삐 머슴 손에 끌려 논으로 향했다.
주인이 곰곰이 생각하더니 큰일날뻔 했다고 판단하고 다음엔 '닭'을 불러놓고 사정했으나,
'닭' 역시 새벽잠을 깨워서 많은 일꾼들이 하루일과를 시작하도록 시간을 알려야 하는 '사명감'때문에 안된다고 했다. 다시 주인마님은 '개'한테도 물어 보았으나 '개'역시 주인님의 많은 재산을 도둑으로부터 보호해야 한다는 '사명감'때문에 희생될 수 없다고 하며 멍멍 짖어댔다.
주인마님은 더이상 할말을 못하고 고민중에 있던 차, 맨 끝자리에 앉아있던 돼지가 어슬렁,어슬렁 걸어와 고개를 밑구멍 숙인한 마음으로 주인에게 입을 열었다.
주인마님 !
소,닭,개는 각자가 자기의 '사명감' 때문에 주인마님 생일잔치에 자신들이 희생될 수 없다고 강조했는데, 모두 다 옳은 이야기입니다.
저는 아무리 생각해 봐도 그동안 놀고먹으면서 별로 도움되는 일없어 고민해 왔는데, 이번 주인마님의 생일잔치에 저를 제물로 잔치를 베풀고 이웃사촌간에 더욱 친숙할 수 있도록 하는 것이 저의 사명인 듯 싶습니다. 하고는 그 자리에서 혀를 물고 자결했다는 의미 있고 슬픈 이야기가 있습니다.

이 시대에 살아가고 있는 우리는 어떤 '사명감'을 가지고 일을 해야 할까요?
동료간에 서로 이해하고 협조하면서 상부상조하는 것이 우리의 사명이라고 할 수 있겠습니다. 자기 자신을 내세우기보다는 겸손한 마음으로 모든 일에 한번더 자숙하는 자세와 나보다는 동료를 위한다는 미덕으로 함께 살아갑시다. 어려운 역경 속에서 열심히 살아가고 계시는 조합원 여러분들에게 향우회에서는 한 앞의 밀알이 되어 조금이나마 좋은 일에 앞장서는 돼지와 같은 사명감으로 일조할 수 있도록 최선을 다할 것입니다.
"새해 복 많이 받으세요"
-1995년 새해 아침에-

◆ 새로운 조합에 바란다
(S-210호 이 춘)

노사가 서로 협력하면 그 결과는 무엇일까? 그것은 그 누구도 부인할 수 없는 기업의 발전이다.
노사협력은 기업의 발전이라는 이 간단한 원리를 우리 회사는 솔직하게 인정하려고 하지 않았다.
왜 그럴까?
그것은 기업이 노조의 기업에 대한 건의사항 또는 요구사항을 받아드릴 자세가 되어있지 않았다고 보아야 할 것이다. 왜 그럴까? 그것은 두 가지 측면에서 보아야 한다.
첫째는,
기업 쪽의 간부사원들이

노조의 의견이나 요구사항을 깊이 검토하는 것 자체가 불미스러운 것으로 간주하고, 오직 거부하는 것이 기업을 위하는 것이라 생각하고 노조의 의견이나 요구조건을 검토조차 할 가치가 없는 것으로 취급해 온 것이고,

둘째는,
회사의 안을 만들고 그것을 사업소장에게 설명하고 무조건 회사에서 마련한 안건만을 관철하는 것이 애사심이라 생각하고 윗사람의 의견만을 맹목적으로 추종하였기 때문에 이런 현상이 십여년간 계속 반복된 것이라고 볼 수 있다.

이제 새로 출범하는 노조는 회사 간부사원들이 건전한 노조의 제안사항이나 요구하는 일들을 충분히 검토하고, 그 제안들이 기업발전에 도움이 되면 어떻게 도움이 되는 것인지, 또 기업에 도움이 되지 않으면 어떻게 도움이 되지 않는지 분석할 수 있는 자세가 될 때까지 차분히 기다릴 수 있는 여유를 가져야 한다고 본다. 왜냐하면 여기에는 기술적인 문제가 있고 이 기술적인 문제가 먼저 해결되어야 하기 때문이다. 그러면 우리 회사는 어떠한 기술적인 문제가 있는가.

세상에는 크게 두종류의 직업을 가진 사람으로 나눌 수 있다. 하나는 육체노동자이고 또다른 하나는 정신노동자이다. 여기서 우리는 많은 사람들이 잘못 생각하고 잘못 인식하는 경향이 있음을 알아야 한다. 정신노동자는 사무실 책상에 앉기만 하면 관리자가 되고 정신노동자가 되는 것이라고 생각하는데 문제는 여기에 있다. 즉 정신노동자에게도 관리기술이 있어야 한다는 사실을 모르거나 관리기술을 인정하지 않는데 있다. 정신노동자, 즉 관리직에 종사하는 사람에게도 육체노동자와 같이 기술이 있어야 관리자로서 그 직책을 다할 수 있다는 사실이다. 다시 말해 관리기술이 없는 사람을 관리직에 앉히는 것은 운전기술이 없는 사람에게 자동차 키를 주고 운전하라고 하는 것과 조금도 다름이 없다는 사실이다.

이제 새로운 노조는 기업의 관리기술이 미숙한 점을 앞으로 계속 지적할 것이 확실시 되는데 이런 지적만으로는 노조가 원하는 목적을 달성할 수가 없다. 그러면 어떻게 할 것인가. 방법은 두 가지밖에 없다고 본다.
그 하나는 관리기술이 있는 사람을 회사가 영입하도록 하여 그 사람으로 하여금 전 업무를 관리하도록 하는 것이고, 또다른 하나는 현재 간부급 사원들이 스스로 관리기술을 배우게 하는 것이다.
여기서 나의 제안은 이렇다. 새로 관리 기술자를 영입하는 것이 빠르긴 하지만 그것보다도 앞으로 노사가 협력하는 의미에서 현재 간부사원 들에게 관리기술을 익힐 수 있도록 협조하는 것이다. 그러면 그 기간은 빠르면 2개월 늦어도 3개월 후면 어느 정도의 관리기술을 익힐 수 있다고 본다. 그리고 사원들이 이 기간동안 여러 방면에서 관리기술을 익히는데 협조한다면 그 기간을 얼마간 단축시킬 수 있다고 본다. 이러한 과정을 지나면서 노사는 자연스럽게 협조가 될 것이고 협조가 된 만큼 기업은 발전할 것이기 때문이다.

이제 새로운 노조는 바로 지난 노조가 협상하던 1994년도 임금협상에 임해야 한다. 여기서도 새 노조는 서두르지 말고 어렵겠지만 상대를 먼저 이해하는데 많은 노력을 갖고, 그리고 이해관계를 충분히 검토할 자료를 구비하여 상대가 쉽게 이해되도록 하되, 현재까지 기업이 가져온 이익을 보장하는 선에서 협상이 돼야할 줄로 안다. 그리고 이번은 너무 무리하지 않게 일을 처리하고 3개월이 지나면(그때는 간부사원이 관리기술을 익힌 뒤니까) 그때부터는 현 노조가 하고자 하는 일이 순조롭게 기업 쪽에 전달되면서 기업의 개혁 (1994년은 기업개혁의 해로 정해져 있음) 과 함께 조합원의 복리증진도 가져오게 될 것이라는 점을 깊이 감안하기 바라며,

끝으로 현 조합은 지난 조합들이 그랬듯이 조합 간부들만의 조합으로 만들지 말고 모든 일을 항상 공개적으로 하기 바란다. 왜냐하면 조합원의 동의없이 조합은 어떠한 일도 할 권리를 갖고 있지 않기 때문이다.
채달기 위원장도 잘 알고 있듯이 국가에서 모든 기업에 노동조합 설립을 허가한 목적은 바로 한사람의 근로자가 그 회사의 사장과 동등한 위치에서 대화할 수 있는 기회가 주어지지 않아 받아야하는 불이익으로부터 권익을 보호하기 위해서는 전 근로자의 힘을 합쳐야 한사람의 사장과 동등한 위치에서 대화가 가능하다고 판단됐기 때문이라는 사실을 잊어서는 안된다.
이렇게 전 조합원의 힘이 하나로 뭉쳤을 때만이 조합은 기업주와 성실한 대화가 이루어지고 또 이 대화 속에서 기업과 노조의 발전이 오게 해야 한다.

나는 위원장이 선거공약중의 하나인 '노보'발행을 반드시 실행하여 조합이 하고 있는 일을 전 조합원이 알도록 발표 해주기 바라며, 노보지면을 통하여 전 조합원이 자신의 의견을 자유롭게 발표할 수 있는 균등한 기회를 주고 나아가 조합원의 가족중 부인이나 그 자녀의 글도 예를 들어 시, 기행문, 수필, 콩트, 단편소설 등을 수시로 받아 '노보'에 게재함으로써 전 조합원이 한가족처럼 단결하고 가까워질 수 있도록 해야할 줄로 믿는다.
끝으로 관리직을 천직으로 생활할 사람은 (기업이든, 조합이든) 반드시 관리기술을 배워야 한다. 노조의 간부나 기업의 간부는 관리기술이 없으면 관리능력이 없는 사람이 되는 것이다. 과거의 노조가 성공하지 못한 것은 바로 관리기술이 없는 사람들이 조합을 운영해 왔기 때문이라는 것을 잊지 말기 바란다.
채달기 위원장은 자신의 관리기술과 능력으로 조합운영의 기틀을 확실하게 임기 중에 세워 놓아야 한다. 그러므로써 차기 노조도 답습하여 현 위원장이 닦아놓은 조합 운영방식이 전통적으로 계승, 발전토록 해야 할 줄로 안다.
(관리기술을 배우고 싶은 기업 또는 조합간부는 '현대경영학분석'이나 경영관리에 대한 책을 구입해 읽기 바랍니다.)

◐ "충신은 멀리 있고, 간신은 가까이 있다"

조합원 투고

◆ 수렁에서 건져진 내 가족

1. 회한의 시간

2,192일, 아리랑택시에 잡혀 있었던 그 숱한 나날들! 지금 나는 깊고 깊은 두더쥐 굴속에서 빠져나와 발등을 닦고 있다. 그것은 분명 나에게 있어선, 아니 우리 가족에 있어선 거미줄에 걸쳐서 온몸을 꽁꽁 묶인채 독침을 맞고 바둥거렸던 세월이었고 두더쥐 굴에 간혀 기절해 있었던거나 다름없는 회한과 통한의 시간이었다.

잠시 쉬어ня 가야겠다고 들어온 아리랑택시에서 나는 최면술에 그만 걸려버렸고 그만 나도 모르게 깊은 잠을 자고 말았다. 깊은 수렁속에 빠져 있을땐 그 세계에 젖어들어 바깥세상이 숨가쁘게 돌아 가는것을 몰랐다. 내가 잠에서 깨어 났을때, 내 가족들은 그동안 얼마나 헐벗고 지쳐 있었는가? 한달 봉급이 공돌이 공순이 수준밖에 안되는, 정말 개미발톱에 칠해진 매니큐어 값도 못되는 40여만원 남짓으로 가정을 이끌다 맥없이 주저앉은 마누라와, 대학 가길 포기하고 실망속에서 나에게 앙앙대던 내딸아이의 목소리가 어느날 내 귓가를 세차게 때리던 날!

나는 깊은 잠에서 깨어났다. 40만원 정도의 봉급봉투를 가지고는 한 가정의 최고통치자 가장으로서의 직무를 다하지 못했다는 자책감과 자괴감으로 밤마다 분노와 회한과 괴로움에 몸부림 쳐야했고, 나는 그때부터 술을 마실때나, 출근길 버스에서나, 화장실에서나, 아무때나 가리지 않고 힘차게 이빨을 갈지 않을 수 없었다.

더구나, 개미 발톱만한 봉급을 주면서도 "툭"하면 징계위원회를 열어 내 목아지를 가차없이 자르려고 호시탐탐 기회를 엿보는 회사측의 의도를 알고부터는 채달기씨처럼 목아지 달아나지 않겠금, 내 목아지 관리에 신경을 써야 되었고, 나는 그래서 더욱 힘차게 이빨을 갈았다. 이빨 3개가 거침없이 부서져 나갔다. 악착같이 사생결단으로 회사측에 대드는 채달기편에 서 있던 나는 그래서 채달기씨가 끝에가서 승리를 하므로써 내 목아지 관리에는 대단히 현명하게 대처 해 왔다고 생각하면서 한편으론 아리랑 탈출 결심을 서서히 굳혀가고 있었다.

2. 아리랑 '한쪼' 시대

나는 매일아침 출근 하다가도 '오늘은 좀 쉬고싶어 죽겠어' 라고 마누라 한테 말할 경우가 많았다. 그러나 내가 놀면 누가 돈 거저다 주는것이 아닌것을, 생각하고 커피 한잔 마시고는 서둘러 출근길에 오른다. 혹시 오늘이 카미사리 당번이 아닌가 하고 날짜를 짚어본다. 택시를 잡아타고 빨리 출근한다. 카미 당번날 잘하면 3-4만원이 생기기 때문이다. 카미사리 '한쪼' 노릇을 톡톡히 한날 나는 기분좋게 한잔 걸친다. 카미사리 당번날이 아닌 날 나는 아침부터 배차는 완전 무시하고 동부이촌동 길을 오르락 내리락하면서 '너구리' 잡기에 온 눈이 충혈되도록 여념이 없다. '너구리' 몇마리 잘만 잡으면 그것도 괜찮다. '너구리' 한쪼 노릇을 톡톡히 한 날 나는 또 기분좋게 한잔 걸친다. 김포 구청사에서는 너구리 손님이 거의 없기때문에 국내선이나 신청사에 차를 댄다. 일본산 '너구리'가 제일 좋다. '김포' 한쪼 노릇을 톡톡히 한 날 나는 또 기분좋게 한잔 걸친다. 아리랑 3대 한쪼 노릇을 두루 섭렵한 나는 그래서 그런지 모든 동료기사들과 관리직에 계신 높은분도 나만보면 '고명하신 이상훈 선생님'이라고 호칭했다. 정말 나는 고명했다. 입사 만6년만에 목아지 안 당하고 깨끗하게 아리랑을 탈출한 사람 누구 있소? 없지! 고명하신 선생님 아니시고는 누구든지 그렇게 할 수 없었을 것이다.

3. 떠나가 버린 코끼리

수려한 용모와 준수한 풍채로 조선조 마지막 양반 가문에서 태어난 내가 지금은 고작 개인택시 운전사로 전락해 버린데 대해서 내 주위의 많은 사람들이 비판과 슬픔을 금치 못한다는 말을 듣고 그때부터 나는 '낄-낄-낄' 하고 웃는 고약한 버릇이 생겨났다. 이빨까지 몽창 빠진 내가 어쩌다 내 차에 승차한 여자 손님에게 대화 중 '낄-낄-낄' 웃으면, 여자 손님은 얼굴이 창백해 진다.

드라큐라가 묘한 소리로 웃고 있으니 손님은 집에 질릴만도 할 것이다. 집에 질린 여자 승객을 향해 나는 술을 이야기를 한다. "개미 한 마리가 뒷다리로 코끼리 뒷다리를 걸었다. 계란으로 바위치기 싸움에 모든 개미들은 구경도 안하고 밀리 가 버렸지만 이빨빠진 개미 한 마리는 그 옆에서 구경도 하고 응원도 했다.

비가 내렸다. 눈이 내렸다. 모진 비바람이 세차게 몰아쳤다. 2년 가까운 세월이 흘렀다.

코끼리가 넘어갔다. 화가 난 코끼리는 다시 개미 뒷다리를 걸고 개미에게 싸움을 걸었다. 또 비가 내렸다. 또 눈이 내렸다. 또 2년 가까운 세월이 흘렀다.

또 코끼리가 넘어갔다. 집달리를 동원해서 밀린 봉급을 한꺼번에 수령했다. 두번씩이나 나가 떨어진 코끼리는 패배를 인정하고 떠나가 버렸다."

"손님! 목적지에 다 왔습니다. 안녕히 가십시요!"

손님은 잔돈도 받지않고 황급히 꽁지가 빠지게 도망쳐 내린다.

"참 대단한 드라큐라 기사님이오. 개미편을 들다니!"

그렇다. 나는 대단한 드라큐라 기사님이다. 그렇지 않다고 항변할 수 있는 이유를 아직은 내가 갖고있지 않고 있었다.

-'92개인택시 이상훈-

● "충신은 멀리 있고, 간신은 가까이 있다"

목록11) 노동조합 설립신고사항 변경신고증 (채달기)

불굴의 의지가 맺은 결실 (노동조합위원장)

제 94~184 호

노동조합 설립신고사항 변경신고증

(1) 노동조합의 명칭	건양기업(주)운수 노동조합	2) 노동 조합의형태	단위노조, 지부, 분회, 연합단체
(3) 주된사무소의소재지	서울시 용산구 이태원동 34번지		
(4) 설립신고 년 월 일	1973. 6. 13.		
(5) 변경신고 년 월 일	1994. 11. 28.		
대표자	(6) 성 명	채 달 기	
	(7) 주민등록번호	390220 - 1019130	
	(8) 주 소	서울특별시 성동구 성동2가 2동 36-142	
(9) 소속된 연합 단체의 명칭	전국관광노동조합연맹		

위와 같이 노동조합법 제13조 제3항의 규정에 의하여 노동조합의 신고사항 변경신고를 하였음을 증명합니다.

1994 년 12 월 16 일

노 동 부 장 [인]

목록12)-1 제명공고에 대한 반박

제명공고에 대한 반박

봉은배드민턴 동우회가 2009.05.06. 공고한 공고문 2항에서,
'회칙 제17조 상,벌 규정에 의거 **채달기, 한×숙** 회원은 참석회원 전원일치의 결의로 제명되었습니다.'
라고 공고하였는데,

채달기, 한×숙 회원을 제명했다고 하는 결의는 다음과 같은 사유로 부당한 결의이며 무효임을 공고함.

    1, 제명하려면 무슨 잘못이 있어야 하고,
    2. 잘못이 있었다면 당사자들에게 무슨 잘못으로 징계한다는 징계 이유를 밝혀 통보하여야 하며,
    3. 정기총회 공고에도 징계 당사자들의 징계안건이 공고되어야 함.

이 모든 절차 없이 총회 당일 즉흥적으로 본인들의 징계안을 상정하여 제명했다는 것은 **인민재판**이나 다름없는 행위로 당연히 무효임.

대한민국은 법치국가로써 모든 결의는 민주적인 절차를 밟아야 함은 두말할 여지가 없음에도,
무지의 소치인지 봉은배드민턴동우회는 모든 민주적 절차를 무시한채 **공산국가에서나 가능한 인민재판 수법**과도 같은 행위로 총회 당일 본인들에 대한 제명안을 상정하여 전원일치의 결의로 제명되었다고 공고한 것은,
<u>아무 잘못이 없는 본인들의 명예를 훼손한 것이며, 사회통념상 있을 수 없는 행위를 자행한 것으로 앞으로 법의 준엄한 심판이 따를 것임.</u>

                                            2009. 5. 14.
                                          봉은배드민턴 동우회
                                          회 원 채 달 기

목록12)-2 고소장1 제출

고 소 장

고소인   채 달 기
　　　　　서울시 강남구 역삼1동 655-2, 402호
　　　　　우 135-913   전화 010-7220-2323

피고소인1 송 × 순
　　　　　서울시 강남구 삼성동 75
　　　　　봉은배드민턴동우회 회장
　　　　　우 135-092   전화 017-270-9847

피고소인2 박 × 자
　　　　　서울시 강남구 삼성동 75
　　　　　봉은배드민턴동우회 전 회장
　　　　　우 135-092   전화 011-771-9973

　고소인은 서울시 강남구 역삼1동 655-2, 402호에 거주하는 자로서 고소인의 친구인 한×수와 함께 2006년 하반에 서울시 강남구 삼성동 75번지에 소재하는 봉은 근린공원 내에 있는 배드민턴 동우회에 회원으로 가입하여 현재에 이르고 있던 중,

　피고소인1(송×순)과 피고소인2(박×자)는 공모하여 2009.05.05. 실시한 정기 종회에서 "회칙 제17조 상벌 규정에 의거 채달기, 한×수 회원은 참석회원 전원 일치의 결의로 제명되었습니다."라고 하며 2009.05.06. 고소인과 고소인의 친구 한×수를 함께 제명처분 했다고 1차 공고하였다가, 1차 공고한 공고문을 떼어버리고 **"아래 회원은 영구 제명되어 이를 공고합니다. 채달기. 한×숙"** 이렇게 공고문안을 바꾸어서 2009.05.06.부터 2009.05.29.일 현재 24일이 지나도록 계속해서 고소인의 명예를 훼손하였습니다.

1. 피고소인1(송×순) 관련

1) 피고가 2009.5.6. 공고한 1차 공고문에는,

"회칙 제17조 상벌규정에 의거,

채달기,한×수 회원은 참석회원 전원일치의 결의로 제명되었습니다."

라고 공고했다가, (증1호의2)

1차 공고한 공고문은 떼어버리고,

계속해서 2차 공고문에는,

"회칙17조에 의한 위반으로 아래 회원은 영구 제명처리 되어

이를 공고합니다. 채달기, 한×숙."

이렇게 총회에서 결의됐다고 하는 부의안건을 1차, 2차 멋대로 바꾸고 두 번 모두 <u>고소인의 이름을 적시하여 2009년05월06일부터 2009년05월29일 현재 24일이 지나도록 계속해서 공고하고 있는데,</u> (증2호의1-3)

<u>두 번째로 다시 공고한 공고문은 칼라로 프린터하여 고소인과 고소인 친구의 이름만 잘 보이도록 공연히 **큼직하게 파란색**으로 적시하여 고소인과 고소인 친구의 명예를 훼손하였습니다.</u>

(증1호의1)

2) 피고소인1(송명순)이 고소인에 대하여 적용한 '회칙 제17조 상벌규정에는, (증4호)

제17조 아래사항에 해당하는 자는 임원회의 의결에 따라 포상 경고 또는 제명한다.

賞 1. 본회 발전에 공로가 많은자

2. 대내외적으로 경기성적이 우수한자

3. 신입회원을 친절히 맞이하고 지도에 공이 있는자

罰 1. 유언비어를 유포시켜 본회의 명예를 손상시켰을 때

2. 본회의 회칙을 준수하지 않을 때

3. 모략과 비방으로 회원 간의 친목 및 인화를 해쳤을 때

4. 회비 및 결정된 부담금을 3개월 이상 미납할 때

라고 되어 있는데,

고소인은 위 회칙의 罰 사항에는 한 가지도 적용되는 것이 없으며,

오히려 賞 사항에는 고소인이 작년 가을부터 매일 새벽7시에 배드민턴장에 나와서 겨울내 운동장에 쏟아진 낙엽을 쓸어서 회원들이 운동하기에 지장이 없도록 준비하고 회원들의 끊어진 라켓 줄을 손수 매어주는 등 공로를 인정하여 2008년 연말에 금일봉을 받아 본회 발전에 공로가 많은자로 선정된 적도 있었으며,

고소인은 2009.05.14. 원고의 제명공고에 관하여 그 불법, 부당한 내용을 지적하고 무효임을 명기한 반박문을 공고하였으나. (증3호)

피고소인1(송×순)은 고소인이 공고한 반박문은 즉시 떼어버렸고 피고소인1(송×순)이 공고한 공고문만 계속해서 공고하여 고소인의 명예를 훼손하였습니다.

2. 피고소인2(박×자) 관련

1) <u>봉은배드민턴동우회 회칙 제15조 회원의 권리와 의무 2항에는, '회원은 회의 시설물을 이용하며 그에 대한 호의와 건설적인 의견을 개진할수 있다'</u> (증4호)

라고 명시된 바와 같이, 회원은 회의 시설물을 이용할 수 있고 건설적인 의견을 개진할 수 있는데도,

고소인이 정자(휴게실)내에 있는 그릇장에 커피를 넣어두고 자물쇠를 채워둔 것을 개방했으면 좋겠다고, 피고소인2(박×자)에게 한마디 건의한, 건설적인 의견 개진을 두고 뒤에서 불평, 불만 한다고 하며 오해한 피고소인2(박×자)가,

채달기(고소인)가 **오후에 아무도 없는 휴게실에서 사무를 보느라고 휴게실을 출입하면서 전기료를 낭비한다는** 이유로 당시 임원들을 사주하여 휴게실 자물쇠를 바꾸고 고소인이 휴게실을 출입하지 못하도록 통제하여, 회원은 회의 시설물을 이용할 수 있다고 한 <u>회칙에 보장된, 회의 시설물을 이용하지 못하게 고소인의 권리를 박탈하였는데,</u>

2009년04월04일 실시한 임원회의에서 고소인이 '경위서'를 통해서,

채달기(고소인)는 오후에 쉼터(휴게실)에서 사무를 본 적이 없으며, 있지도

<u>않은 사실을 왜곡하고 모함하여 듣는 사람으로 하여금 자신의 발언을 그럴듯하게 인식하도록 허위사실을 유포한 것은,</u> **채달기의 명예를 훼손한 것**이므로,

채달기(고소인)가 언제 휴게실에서 사무를 보았는지,

이에 대해 해명하고 허위사실을 유포한데 대한 책임을 져야 할 것이다. 라고 지적하였고, 휴게실에서 사무를 보았다고 한 근거를 분명히 밝히라고 했는데도,

　피고소인2(박×자)는 답변을 하지 못했고,

피고소인2(박×자)의 사주를 받은 임원들에 의해 고소인에게 봉은근린공원 내 정자의 출입을 못하게 통제하였는데, 이는 <u>피고소인1(송×순)과 피고소인2(박×자)를 비롯한 임원들이 스스로 회칙 제15조 2항의 "회원은 회의 시설물을 이용하며 그에 대한 호의와 건설적인 의견을 개진할수 있다" 라고 보장된 회칙을 위배하여 고소인에게 회의 시설물을 이용하지 못하도록 고소인의 권리를 박탈한 것인데,</u>

　이에 고소인이 박탈당한 권리를 찾기 위해 강남구청장에게 진정하여,

봉은근린공원 내 배드민턴장 출입구 시건장치(자물쇠)를 누구나 이용할 수 있도록 개방조치 되었고,

배드민턴 운동장내 정자(휴게실)도 누구나 이용할 수 있도록 개방조치(원상복구) 되었는데, **(증5호)**

이와 관련하여, 고소인은 2009.04.22. 피고소인2(박×자)가 착각하고 있는 것 같아서,

배드민턴장 출입구는 즉시 개방하였으나,

정자(휴게실)는 누구나 이용할 수 있도록 빠른 시일내에 원상복구토록 조치하겠다고 한 바와 같이,

휴게실에 대해서는 휴게실내 사물함을 정리할 시간을 준 것일 뿐, 결국 휴게실은 개방될 수 밖에 없다는 것을 알리며, 휴게실을 개방하지 않고 현 상태로 유지하기 위해서는 민원인인 고소인의 협조가 필요할 것이므로 고소인의 협조를 구하기 위해서는 고소인에게 휴게실 출입을 통제한 불법행

위를 자행한 잘못을 사과하고 사과문을 10일이상 공고하면,

고소인이 휴게실 출입상태를 현 상태로 유지하도록 다시 한번 진정을 통해 적극 협조할 것이나,

고소인의 제안을 거부할 경우 이후 휴게실이 개방(원상복구)되는 조치에 대한 책임은 전적으로 피고소인2(박×자)에게 있음을 알린다는 제안을 했는데도, (증6호)

피고소인2(박×자)는 자신의 잘못을 뉘우치지 않고 고소인의 제안을 거부하여 결국 2009.05.06. 정자(휴게실)는 강남구청 담당자들에 의해 개방조치 되었는데, 이는 불법행위를 자행한 피고소인들의 자업자득인 것입니다.

2) 이런 결과를 초래하게 된 원인은 처음부터 피고소인2(박×자)의 허위사실 유포 등의 사주에 의해 발단된 것으로 모든 책임은 피고소인2(박×자)에게 있으며,

피고소인2(박×자)는 고소인이 오후에 아무도 없는 휴게실에서 사무를 본 적이 없는데도, 사무를 보느라고 휴게실을 출입하면서 전기료를 낭비한다고 하며 임원들을 사주하면서 <u>사실을 왜곡한 허위사실을 유포하여 고소인의 명예를 훼손</u>하였습니다.

3. 고소인은 1939년생으로 올해 나이 71세입니다. 70평생 전과없이 정직하게 살았으며, 오히려 국가의 잘못을 바로잡고 이 나라 1천만 근로자들의 권익을 지켜준 대법원판례(1992.3.31.선고, 91다 14413)를 남겨 정의를 밝히고 이 나라의 민주화에 기여하였으며, (증7호의1~3)

70평생 정의롭게 살아온 고소인에게,

피고소인들이 공모하여,

2009년05월06일부터 2009년05월29일 현재까지 24일에 걸쳐 두 번씩이나 부의 안건을 바꿔가면서 고소인과 친구의 이름을 적시, 공고하여 고소인과 고소인 친구의 명예를 훼손하였습니다.

4. 이상과 같이 고소인과 고소인의 친구는 피고소인들의 사주에 의한 회원들로부터 왕따를 당하고 봉은근린공원내 배드민턴장에서 2009년05월06일부터 2009년05월29일이 지나도록 오랫동안 고소인과 친구의 명예를 훼손한 공고

로 고소인과 친구는 정신적으로 말 할 수 없는 고통을 당하였으므로 피고소인들을 엄중히 조사하여 처벌해 주시기 바랍니다.
(증1호의1) (증2호의1-3)

첨 부 서 류

        증1호의1   공고 (2차)

        증1호의2   공고 (1차)

        증2호의1-3   2009.5.29.현재 공고문 게시사진

        증3호   제명공고에 대한 반박

        증4호   회칙

        증5호   민원사항 회신

        증6호   제안서

        증7호의1-3   신문기사.

2009. 6. 1.

위 고소인 채 달 기

서울강남경찰서장 귀하

목록12)-3 고소장2 제출

고 소 장

        고소인   채 달 기
                      서울시 강남구 역삼1동 655-2, 402호
                      우 135-913   전화 010-7220-2323

        피고소인   송 × 순
                      서울시 강남구 삼성동 75
                      봉은배드민턴동우회 회장
                      우 135-092   전화 017-270-9847

  위 고소인은 2009.06.01. 피고소인외 1명에게 명예훼손으로 고소하여 2009.6.4. 고소인 진술을 받았으나,
문서 위조와 소송사기행위가 새로 밝혀져 추가 고소하는 바입니다.

1. 고소인은 봉은배드민턴동우회(회장 송×순)를 피고로 한 부당제명무효 등 청구사건에서 피고소인이 제출한 을제2호증 정기총회 참가명부를 보면,
<u>2쪽 23번 강×숙과 24번 조×석은 참가 확인난에 서명도 없고 참가하지도 않아 총 참가인원이 26명이라고 하였는데,</u>
(증11호, 답변서중 을제2호증 정기총회참가명단)
피고소인이 2009.05.06.부터 2009.05.29.까지 24일간 공고한 정기총회 참가명부, <u>2쪽 23번 강×숙과 24번 조×석의 참가 확인난에는 분명히 참가했다는 서명이 되어있어 총 참가회원이 28명이라고 되어 있습니다.</u> (증10호)
이렇게 총회 참가자명단까지 위조한 사실이 드러났으므로 피고소인을 추가 고소하는 바이므로 1차 고소한 사건과 병합하여 처벌해 주시기 바랍니다.

2. 피고소인이 제출한 답변서(증11호)에서 제명처분의 사유를 보면,
    "7. 회원들의 의견을 종합하여 보면 원고들은 다단게 비슷한 장사를 목적으로 회원들을 개인적으로 유인하여 자기들이 취급하고 있는 물건을 구매하게 하여 회원 중 3명이 어쩔수 없이 구입하여 주었으며 물건의 가격은

50만원 이상이 되는 고가의 물건이라고 합니다.

그리하여 다른 회원들도 원고들을 만나기를 꺼려하며 같이 식사하자는 원고들의 전화가 올까봐 두려워하는 등 회원들 간의 친목을 해치고 있습니다."

라고 하였는데,

고소인들은 황토제품의 건축자재와 원적외선 조명등, 좌욕기(식약청승인2급치료기) 등을 생산, 판매하는 주식회사 BCK에서 마케팅 상무와 홍보이사로 활동하고 있었는데,

(주)BCK는 다단계회사가 아닌데도 *"다단계 비슷한 장사를 목적으로,"* 라고 하였고,

원고들(고소인)이 좋은 정보를 제공한 것을 두고 *"회원들을 개인적으로 유인하였다."* 고 하였으며,

"자기들이 취급하고 있는 물건을 구매하게 하여 회원중 3명이 어쩔수 없이 구입하여 주었다." 고 하였는데,

(주)BCK는 다단계회사가 아니며, 원고들(고소인)이 회원을 유인하지 않았고, 제품을 확인한 회원들이 좋은 제품이라고 판단하여 스스로 구입하였는데, 구입한 회원들이 열 살 정도나 된 어린애들이라서 원고들(고소인)이 구매하게 했다고 해서 구입하겠습니까.

좋은 제품을 확인한 회원들이 스스로 판단하여 좌욕기를 45만원에 자의로 구매하였는데,

당일 구매한 회원 두 명 중 한 분은 당시 제과점 개업을 했다고 해서 (주)BCK 회장이 특별선물로 30만원짜리 조명등을 선물로 주었고, 나머지 한 사람도 함께 30만원짜리 조명등을 덤으로 받게 되어 상당한 이득을 취하게 되어 매우 즐거워하였으며,

며칠 후 한 분이 조명등을 구매하였는데, 바깥주인께서 상당히 좋아한다고 하며 매우 만족하게 생각하였습니다.

뿐만 아니라 피고소인의 남편인 용×영 자신도 원고들(고소인)이 회사 제품을 소개하였더니, 원고들(고소인)과 함께 (주)BCK 사무실을 직접 방문하여 제품

을 확인하고서는, 자신이 찾던 제품이라 하면서 자신이 미국에 다녀오기로 되어있으니 미국 다녀와서는 자신의 가평 건물 옥상에 찜질방을 만들겠다고 하고서는 미국에 다녀온 이후 이렇다, 저렇다 한마디 말도 없기에 원고들(고소인)도 한마디도 물어본 적이 없었습니다.

이와 같이 원고들(고소인)이 취급하고 있는 제품은 원고들(고소인)이 강요한다고 해서 구매할 성질의 물건도 아니며 원고들(고소인)은 좋은 정보를 주고 구매는 본인들이 판단해서 구매한 것입니다.

이를 두고 피고소인은 터무니없는 허위사실을 주장하며 재판부를 현혹하고 있는데, 이는 피고가 유리하도록 이끌기 위한 소송 사기 행위라 사료 됩니다.

3. 이상과 같이 피고소인은 문서위조와 소송 사기 행위를 하였으므로 피고소인을 엄중히 조사하여 처벌하여 주시기 바랍니다.

첨 부 서 류

증11호   답변서

2009. 6. 15.
위 고소인 채 달 기

서울강남경찰서 귀중

목록12)-4 부당제명무효확인 등 청구의 소

소　　　장

원고1	채　달　기 서울시 강남구 역삼1동 655-2, 402호 전화 010-7220-2323
원고2	한　×　숙 서울시 강남구 역삼2동 562-3 전화 010-××××-××××
피고	봉은배드민턴 동우회 서울시 강남구 삼성동 75 회장 송　×　순 우 135-092　전화 017-270-9847

부당제명무효확인청구의 소

　　소송물가액　　　　　금20,000,100원

　　첨부인지대　　　　　금　　95,000원

　　송 달 료　　　　　　금　　135,000원

서울중앙지방법원　귀중

소　　　장

　　　　　원고1　　　　채　달　기
　　　　　　　　　　　　서울시 강남구 역삼1동 655-2, 402호
　　　　　　　　　　　　우 135-913　전화 010-7220-2323

　　　　　원고2　　　　한　×　숙
　　　　　　　　　　　　서울시 강남구 역삼2동 562-3
　　　　　　　　　　　　전화 010-××××-××××

　　　　　피고　　　　　봉은배드민턴 동우회
　　　　　　　　　　　　서울시 강남구 삼성동 75
　　　　　　　　　　　　회장 송　×　순
　　　　　　　　　　　　우 135-092　전화 017-270-9847

부당제명무효확인청구의 소

　　　청　구　취　지

1. 피고가 2008.05.05. 원고들에 대하여 한 제명처분은 무효임을 확인한다.
2. 소송비용은 피고의 부담으로 한다.
　　라는 판결을 구합니다.

　　　처　구　원　인

1. 원고들은 서울시 강남구 역삼1동 655-2, 402호에 거주하는 자로서 2006년 하반기 서울시 강남구 삼성동 75번지에 소재하는 봉은배드민턴 동우회에 가입하여 현재에 이르고 있던 중,
피고가 2009.5.5. 실시한 정기총회에서 '회칙 제17조 상벌규정에 의거 채달기,한×숙 회원은 참석회원 전원일체의 결의로 제명되었습니다.'라고 하며 원고들을 징계제명처분 했다고 공고하였는데, **(갑제1호증)**

피고가 원고들에 대하여 한 제명처분은 다음과 같은 사유로 무효입니다.
1) 어느 단체를 막론하고 회원을 제명하는 중징계를 하려면 당사자들에게 어떠한 잘못이 있어야 하고,
2) 잘못이 있었다면 당사자들에게 징계이유를 밝혀 통보하여야 하며,
3) 정기총회 공고문에도 당사자들에 대한 징계사유에 관한 안건을 명시해야 함에도 명시하지 않았고,

총회 안건으로는,
① 임원개선
② 동우회 운영에 관한건. 이라고만 공고하였습니다.

이와 같이 2009.05.05. 실시한 정기총회 당일 원고들에게 통고도 하지 않은 상태에서 원고들에 대한 제명안을 즉석에서 상정하여 제명 처분한 것은 절차상 하자로 무효이며, 공산국가에서나 있을 수 있는 인민재판과도 같은 수법으로써 민주국가에서 있을 수 없는 부당한 행위이며,

원고1은 2009.05.14. 원고들의 제명공고에 관하여 그 불법, 부당한 내용과 함께 무효임을 명기한 반박문을 공고하였습니다. (갑제2호증)

2. 피고가 2009.05.06. 공고한 1차 공고문에는,

'회칙 제17조 상벌규정에 의거,

채달기, 한×숙 회원은 참석회원 전원일치의 결의로 제명되었습니다.'

라고 공고해 놓고서, (갑제1호증의1)

2009.5.14. 1차 공고한 공고문은 떼어버렸고,

2차 공고문에는,

'아래 회원은 영구 제명되어 이를 공고합니다'

채달기, 한×숙

이렇게 총회에서 결의했다고 하는 부의안건을 1차, 2차 멋대로 바꾸고 원고들의 명예를 훼손하면서 다시 공고하였는데, (갑제1호증의2)

피고가 원고들의 명예를 두 번씩이나 계속해서 훼손한데 대한 불법행위의 책임은 별도로 추궁하겠지만,

두 번씩이나 부의안건을 바꿔가면서 공고한 것만 보더라도 봉은배드민턴 동

우회의 총회 그 자체가 얼마나 허구인가를 스스로 증명하고 있는 것입니다.
3. 피고가 원고들에 대하여 적용한 '회칙 제17조 상벌규정에는, (갑제3호증)
제17조 아래사항에 해당하는 자는 임원회의 의결에 따라 포상 경고 또는 제명한다.

賞　1. 본회 발전에 공로가 많은자.
　　2. 대내외적으로 경기성적이 우수한자.
　　3. 신입회원을 친절히 맞이하고 지도에 공이 있는자.
罰　1. 유언비어를 유포시켜 본회의 명예를 손상시켰을 때.
　　2. 본회의 회칙을 준수하지 않을 때.
　　3. 모략과 비방으로 회원간의 친목 및 인화를 해쳤을 때.
　　4. 회비 및 결정된 부담금을 3개월 이상 미납할 때.

라고 되어 있는데,

원고들은 위 회칙의 罰 사항에는 한가지도 적용되는 것이 없으며,

오히려 賞 사항에는 원고1이 작년 가을부터 매일 새벽7시에 배드민턴장에 나와서 겨우내 운동장에 쏟아진 낙엽을 쓸어서 회원들이 운동하기에 지장이 없도록 준비하고 회원들의 끊어진 라켓 줄을 손수 매어주는 등의 공로로 2008년 연말에 금일봉을 받아 봉은배드민턴동우회 발전에 공로가 많은자로 선정된 적도 있습니다.

4. 이에 앞서, <u>봉은배드민턴동우회 회칙 제15조 회원의 권리와 의무 2항에는, '회원은 회의 시설물을 이용하며 그에 대한 호의와 건설적인 의견을 개진할수 있다</u>' (갑제3호증)

라고 명시된 바와 같이 회원은 회의 시설물을 이용할 수 있고 건설적인 의견을 개진할 수 있는데도,

원고1이 정자(휴게실)내에 비치된 그릇장에 커피를 넣어두고 자물쇠를 채워둔 것을 개방했으면 좋겠다고, 소외 전 회장(박×자)에게 한마디 건의한 건설적인 의견개진을 했는데,

이를 두고 뒤에서 불평,불만 한다고 하며 오해한 소외 전 회장이 임원회의를 통해 원고1에게 봉은근린공원 내 정자의 출입을 못하게 통제하였는데,

이는 피고의 임원들이 스스로 회칙 제15조 2항을 위배하여 회칙에 보장된, 회의 시설물을 이용하지 못하도록 원고1의 기본권리를 박탈한 것으로, 원고1이 박탈당한 기본권리를 찾기 위해 강남구청장에게 진정하여,

봉은근린공원 내 배드민턴장 출입구 시건장치(자물쇠)를 누구나 이용할 수 있도록 개방조치 되고,

배드민턴 운동장내 정자(휴게실)도 누구나 이용할 수 있도록 개방조치(원상복구) 되었는데, (갑제4호증)

이와 관련하여, 원고1은 2009.04.22. 소외 회장(박×자)이 착각하고 있는것 같아서,

배드민턴장 출입구는 즉시 개방하였으나,

정자(휴게실)는 누구나 이용할 수 있도록 빠른 시일내 원상복구토록 조치하겠다고 한 바와 같이,

휴게실에 대해서는 휴게실내 사물함을 정리 할 시간을 준 것일 뿐, 결국 휴게실은 개방될 수밖에 없다는 것을 알리며, 휴게실을 개방하지 않고 현상태로 유지하기 위해서는 민원인인 원고1의 협조가 필요할 것이므로 원고1의 협조를 구하기 위해서는 원고1에게 휴게실 출입을 통제한 불법행위를 자행한 임원들의 잘못을 사과하고 사과문을 10일이상 공고하면,

원고1이 휴게실 출입상태를 현 상태로 유지하도록 다시 한번 진정을 통해 적극 협조할 것이나,

원고1의 제안을 거부할 경우 이후 휴게실이 개방(원상복구) 되는 조치에 대한 책임은 전적으로 소외 전 회장(박경자)에게 있음을 알린다는 제안을 했는데도, (갑제5호증)

봉은배드민턴동우회 전 회장(박×자)을 비롯한 임원들은 자신들의 잘못을 뉘우치지 못하고 원고1의 제안을 거부하여 결국 2009.05.06. 정자(휴게실)는 강남구청 담당자들에 의해 개방조치 된 것인데, 이는 불법행위를 자행한 피고 임원들의 자업자득으로써 원고1의 잘못이 아님에도,

이에 앙심을 품은 피고의 몇몇 임원이 자신들의 잘못을 반성할 줄은 모르고 총회를 빙자하여 원고들에 대하여 제명으로 보복한 것입니다.

원고1은 1939년생으로 올해 나이 71세입니다. 70평생 전과없이 정직하게 살았으며, 오히려 국가의 잘못을 바로잡고 이 나라 1천만 근로자들의 권익을 지켜준 대법원판례(1992.3.31.선고, 91다 14413)를 남겨 정의를 밝히고 민주화에 기여하였으며, **(갑제6호증의1)**

70평생 정의롭게 살아온 원고1은 무지한 피고의 몇몇 임원들에 의해 불법적으로 자행한 제명공고로 돌이킬 수 없는 명예를 훼손당한 것입니다.

5. 이상과 같이 피고가 원고들에 대하여 한 제명처분은 아무 명분도 없고 징계사유에 해당되지도 않는 사실을 두고 사회통념과 양식을 무시한채 기득권을 가진 몇몇 임원들의 사주에 의해 멋대로 자행된 불법행위이므로 피고의 원고들에 대한 제명처분은 무효임을 확인하여 주시기 바랍니다.

첨 부 서 류

갑제1호증의1	공고 (1차)
갑제1호증의2	공고 (2차)
갑제2호증	제명공고에 대한 반박
갑제3호증	회칙
갑제4호증	미원사항 회신
갑제5호증	제안서
갑제6호증의1~3	신문기사

2009. 5. 18.

원고1 채 달 기
원고2 한 × 숙

서울중앙지방법원 귀중

목록13)-1 정신적 피해보상 청구의 소

소   장

원 고   채 우 석

피 고   김 × 숙

'정신적피해보상' 청구의 소

소송물가액   10,000,000원

첨부인지액   50,000원

송 달 료   90,000원

서울남부지방법원 귀중

소　　장

　　　　원　고　　　　채　우　석　(390220-1019130)
　　　　　　　　　　　서울시 관악구 난우16길 63-5
　　　　　　　　　　　전화 010-7220-2323

　　　　피　고　　　　김　×　숙
　　　　　　　　　　　서울시 관악구 법원단지5다길26
　　　　　　　　　　　×동×호
　　　　　　　　　　　전화 010-××××-

'정신적피해보상' 청구의 소

　　청　구　취　지

1. 피고는 원고에 대하여 정신적피해보상금 10,000,000원을 지급하라.
2. 소송비용은 피고의 부담으로 한다.
3. 위 제1항은 가집행 할 수 있다.
　　라는 판결을 구합니다.

　　청　구　원　인

　　1. 원고는 서울시 관악구 난우16길 63-5에 거주하면서 2017.09.27. 인근 배드민턴체육관(미성체육관)에서 피고와 다른 배드민턴 동호회 회원4명을 합해 6명이 3대3으로 팀을 짜서 배드민턴 운동을 하던 중, 원고와 피고가 넷트 쪽에 가까이 붙어 있어서 피고가 친 셔틀콕을 미처 피하지 못하고 원고가 우측 눈에 정통으로 맞는 즉시 앞을 보지 못하는, 아래와 같은 상해를 입었습니다.

(상환 우안 인공수정체의 탈구, 유리체 출혈진단 하에 2017.10.31. 우안 인공수정체 제거, 유리체 절제술, 안내 레이져, 인공 수정체 공막 고정술 시행받고, 술후 상태에 대해 지속적인 경과관찰 예정)

　　2. 이 후 원고는 바로 강동성심병원에 가서 진료를 받고, 그로부터 약 1개월이 지나도록 통원치료를 받았으나 회복되지 않아서 2017.10.31. 입원하여

같은 날 수술을 받고 5일 만인 같은 해 11월04일 퇴원하였습니다.

      3. 원고는 상해를 입었을 당시 피고에게 고의가 아니기 때문에 치료비를 신경 쓰지 말라고 하였는데,

이 말을 듣고서 그런지 몰라도 피고는 원고에게 두 달이 넘도록 딱 두 번 전화하고는 그만이었습니다.

원고가 신경 쓰지 말라고 한 것은 고의가 아니었기 때문에 상해에 대한 치료비 등의 금전적인 문제에 대해 신경 쓰지 말라고 한 것이지,

도의적인 책임까지 신경 쓰지 말라고 한 것이 아닙니다.

비록 도의적인 책임까지 신경 쓰지 말라고 했다 하더라도,

피고로 인해 다친 사람의 고통을 생각하면 보통사람이라 하더라도 함께 걱정하고 함께 아파하는 마음가짐을 갖는 것이 인지상정일 텐데,

피고는 원고에게 상해를 가한 이후 수술하기 전에 한 번, 수술 후 다음 날 한 번, 모두 두 번의 전화를 하고는 그만이었습니다.

      4. 아무리 원고가 치료비 등을 신경 쓰지 말라고 하였더라도 1개월이 넘도록 통원치료 하다가 완치가 안 되어 수술까지 하게 되었으면,

고마워서라도 병원에 문안까지는 오지 않았더라도 전화라도 자주 해서 상태에 대한 안부를 물어야 도의적인 책임을 다 하는 것일 텐데,

피고는 이렇게 개인적인 양심도 저버리고 도의적인 책임마저 무시하였습니다.

      5. 도의적 책임이란, 고의가 아니었지만 어쨌던 간에 가해자의 입장에 있는 피고는,

  첫째, 다친 사람이 수술받으러 가면, 가기 전에 위로와 격려의 말이 있어야 할 것이고,

  둘째, 수술이 끝나면 바로 결과가 어떤지 물었어야 했고,

  셋째, 그 다음 퇴원일자를 물어 봐서 퇴원할 때 쯤 다시 경과를 묻고,

  넷째, 퇴원후에는 상태가 어떤지 또 다시 물어보고 위로하며,

함께 걱정하고 함께 아파하는, 이런 마음가짐이 보통사람이 취해야 할 양심이며 도의적 책임일 텐데,

어찌된 셈인지 피고는 자신으로 인해 다친 사람이 수술한 다음 날인 11월01일에

서야 전화 한번하고는 수술하고 5일후인 11월04일 퇴원해서 11월08일까지 모르쇠로 일관하며 전화한번 없었습니다.
퇴원한 후 11월09일에서야 체육관에서 처음 만나게 되었을 때, 피고가 가까이 다가와서는 다친 쪽 우측 눈을 빠콤히 한번 들여다보고는 이것으로 끝인데,
(한마디 말도 없이)---
정말 어이가 없고 괘심하기 이를 데 없는 행동이었습니다.
그리고서는 태연히 배드민턴을 치고 있으니 구역질 나는 그 모습을 도저히 볼 수가 없었습니다.
다치고 나서부터 수술 받고난 지금까지 상처의 아픔과 정신적 충격으로 그 고통이 이만저만이 아니고, 트라우마 상태에 있는 사람에게 이렇게 무심한 사람이 어디 있을까요?
최소한 다친 부위가 어떤 상태이며 어떤 수술인가, 하는 정도는 알아보아야 할 것이 아니겠습니까?
수술시간 2시간30분이 넘도록 수술받은 원고에게 상처가 어떤지, 어떤 수술을 받았는지 물어볼 생각조차 하지 않은 피고는 도대체 어떤 사람인지 모르겠습니다.
원고는 참다못해 첨부와 같은 '상해입은자의 심경을 전함'이라는 서신을 2017.11.20. 피고에게 직접 전달했으나,
피고는 다음 날부터 체육관 출입을 끊고서 지금까지 도의적인 책임을 다하지 않은데 대한 사과의 말 한 마디 없습니다.
원고의 심경을 전하는 서신을 받고 읽어 보았다면,
원고에게 '자신이 미쳐 생각이 짧아 아픈 마음을 헤아리지 못했고, 예의에 어긋난 행동을 했다'면서 용서를 청하는 말 한마디면 될 것을,
피고는 체육관 출입을 끊은 채 사과의 말 한 마디 없이 원고와 만나지 않으면 된다는 식으로 행동하고 있습니다.
<u>피고와 틈틈이 함께 배드민턴 운동을 하고 있던 김×명이라는 동호인은,</u>
<u>자신도 똑 같은 상해를 입힌 적이 있었는데, 자신은 상대방에 대한 치료비를 100% 부담하였고, 완치 할 때 까지 처음부터 끝까지 함께 병원을 다니면서 간</u>

병을 했다고 합니다.
그런데 피고는? 얼마나 도도하고 건방지면 이따위 행동을 하는지 모르겠습니다. 보통사람의 생각으로는 도저히 이해할 수 없는 이런 행동을 하고 있는 피고에게, 미안해할까 봐 처음부터 치료비는 신경 쓰지 말라고 했으면, 고마워서라도 병문안은 오지 않을망정 수시로 전화라도 해서 안부를 묻는 것이 당연할 텐데도, 피고는 고의가 아니었기 때문에 피해자에게 신경 쓰지 않는, 자신의 행동을 당연시하는 행동을 하고 있습니다.

5. 원고는 다친 눈이 지금도 눈을 뜬 상태에서는 끈끈한 액체가 눈동자에 흘러나와 아무리 닦아도 눈이 맑아지지 않고 계속 찝찝해서 불편하기 그지없고 말 할 수 없는 고통 속에서 나날이 생활하고 있으며, 한마디로 반 병신이 된 상태인데,
보통사람의 생각으로는 도저히 이해할 수 없는 이런 행동을 하고 있는 피고에게 원고는 치미는 분노를 참을 길 없고, 그 행동이 괘씸하여 피고의 잘못을 일깨워 주기 위해 청구 취지와 같이 치료비가 아닌, 정신적 피해보상을 청구하게 되었으며 다액의 보상으로 괘씸죄를 묻고 싶습니다.

첨 부 서 류

  갑제1호증 진단서
  갑제2호증 상해 당한자의 심경을 전함

2018 . 02 . 20.
위 원고 채 우 석

서울남부지방법원 귀중

목록13-2 항소장

항 소 장

원사건   서울중앙지방법원 2018가소 21878 손해배상(기)

    항소인   채 우 석
                   서울시 관악구 난우16길 63-5 (신림동)

    피항소인   김 × 숙
                   서울시 관악구 법원단지5다길 26
                   ×동 ×××호 (신림동 ××××)

       불복소가   금 10,000,000 원

       첨부인지액   금   75,000 원

       송 달 료   금   112,800 원

    서울중앙지방법원   민사6단독(소액) 귀중

항 소 장

원사건 서울중앙지방법원 2018가소 21878 손해배상(기)

    항소인   채 우 석
          서울시 관악구 난우16길 63-5 (신림동)

    피항소인   김 × 숙
          서울시 관악구 법원단지5다길 26
          ×동 ×××호 (신림동 ××××)

 위 당사자간의 서울중앙지방법원 2018가소 21878 손해배상(기) 사건에 관하여 2018.08.24. 동원에서 선고한 제1심 판결은 아래와 같음.

   제 1 심 판 결
주문
1. 원고의 이 사건 청구를 기각한다.
2. 소송비용은 원고가 부담한다.

 (원고는 위 판결정본을 2018. 08. 29. 송달받았습니다)

    불복의 정도 및 항소를 하는 이유의 진술

항소인은 원 판결에 대하여 불복이므로 이에 항소를 제기합니다.

항 소 취 지

1. 피항소인은 항소인에게 10,000,000원을 지급하라.
2. 소송비용은 1,2심 모두 피항소인의 부담으로 한다.
3. 제2항은 가집행할 수 있다.
   라는 판결을 구합니다.

항 소 이 유

1. 제1심 판단과 불복범위

　가. 이 사건 청구내용

　　　피항소인은 원고에게 10,000,000원을 지급하라

　나. 제1심 판단 전문

　　　원고와 피고가 배드민턴 경기를 하다가 피고가 친 공이 원고의 눈에 맞아 원고가 상해를 입은 사실을 인정할 수 있으나, 피고가 경기규칙을 어기는 등 경기를 함에 있어서 주의의무를 위반하였다고 인정할 수 없으므로 원고의 손해배상청구는 이유 없다.

　다. 항소인 불복

　　　위 판단 전문 중,

　　　피고가 경기규칙을 어기는 등 경기를 함에 있어서 주의의무를 위반하였다고 인정할 수 없으므로 원고의 손해배상청구는 이유 없다.

　　　라고 판단한 부분을 불복합니다.

　　(1) 제1심 판결을 수긍할 수 없는 주된 이유

　　　　사실 오인 및 심리미진

2. 제1심 판결 잘못에 관하여

가. 사실오인

　　(1) 원심에서 법률전문가에게 자문을 받아보라는 말을 듣고, 항소인이 2018.05.25.자 제출한 준비서면에 첨부한,
(갑제6호증)의 의정부지방법원 2007가합10259와,
(갑제7호증)의 수원지방법원 2008가합6994 판례를 항소인에게 제공해 준 변호사에게 자문을 받아보니,
항소인이 지금까지 주장해 온 사실들 즉, 배드민턴 운동 중에 상대방이 힘껏 스메싱 한 공이 신체 외부에 맞게 되면 심한 상처는 나지 않을 수 있겠지만 눈동자 같은 예민한 부위를 맞게 되면 피할 수 없는 상해를 입을 수 있게 되는 것인데,
피항소인이 공을 항소인의 뒤쪽으로 멀리 보내기 위해 힘껏 스메싱 한 것이 가까이 바로 앞에 있는 항소인의 눈에 맞아 눈동자가 깨지는 상해를 입힌 것은, 위 판례와 같은 경기 참가자의 주의의무를 위반한 것이라고 하였습니다.

　　(2) 항소인은 2017.09.27. 인근 배드민턴체육관(미성체육관)에서 피항소인과 다른 배드민턴 동호회 회원4명을 합해 6명이 3대3으로 팀을 짜서 배드민턴 경기를 하였는데,
2대2 4명의 복식이 아닌, 6명이 3대3으로 경기를 할때는 넷트를 경계로 해서 넷트 가까이에 두명이 자리하고 1명은 뒤쪽에 서서 3각형 대형으로 경기를 합니다. .
이렇게 경기를 하다거 항소인과 피항소인이 넷트 쪽에 가까이 붙어 있어서 피항소인이 친 셔틀콕이 항소인의 우측 눈에 정통으로 맞는 즉시 앞을 보지 못하는, **(갑제4호증의2)**와 같은 상해를 입었습니다.
이때 넷트를 사이에 한 항소인과 피항소인과의 거리는 불과 1미터 정도밖에 되지 않습니다
　공을 멀리 보내기 위해 피고가 힘껏 스메싱 하지 않고 항소인 쪽으로 가

볍게 넘겼다면 설사 항소인의 눈에 맞았다 하더라도 눈동자가 깨지는 상해는 입지 않았을 것이며,

공을 멀리 보내기 위해 힘껏 스메싱 한 것이 멀리 보내지는 못하고 가까이에 있는 항소인의 눈에 맞도록 한 것은 피항소인의 부주으로 주의의무를 위반한 것입니다.

나. 심리미진

(1) 원심은 피고를 출석시켜서 원고에게 눈동자를 깨지도록 힘껏 스메싱한 것이 공을 원고의 뒤쪽으로 보내기 위하여 스메싱 한 것인지, 원고에게 보내기 위해 힘껏 스메싱한 것인지 물어보았다면 주의의무 위반 여부의 답이 나왔을 것입니다.

그러나 원심은 가해 당사자인 피고를 출석시켜서 주의의무를 위반한 것인지 아닌지를 확인하지 않았고, 임의로 판단하여 납득할 수 없는 판결을 한 것입니다.

(2) 원심은 1차 변론(2018.06.08. 민사2단독) 후 변론을 종결하지 않고 집중심리 재판부로 재배당한다고 하여, 재배당된 민사6단독에서, 2018.07.13. 11:00시에 2차 변론 후 변론종결하고, 주의의무를 위반하였다고 인정할 수 없으므로 원고의 손해배상청구는 이유 없다.

라는 판결을 하였는데,

재배당 받은 집중심리 재판부에서 무얼 어떻게 집중심리를 한 것인지 항소인이 납득할 수 있는 설명도 없이 막연히 주의의무를 위반하였다고 볼수 없다고 판시만 한 것은 잘못된 것입니다.

(3) 피항소인이 주의의무를 위반한 것이 틀림 없다는 사실을 아래와 같이 구체적으로 밝힙니다.

첫째, 항소인이 피항소인에게 공을 살짝 넘겨주자 피항소인도 공을 가까이에 있는 항소인에게 살짝 넘겨주었다면,

설사 살짝 넘겨온 공이 항소인의 눈에 맞았다 하더라도 실명 위

기의 상해는 입지 않았을 것입니다.

둘째, 그러나 항소인의 뒤 쪽으로 공을 멀리 보내기 위해 힘껏 스메싱한 공이 피항소인의 부주의로 항소인의 뒤쪽으로 가지 않고 피항소인의 바로 앞 쪽에 가까이에 있는 항소인의 눈을 정통으로 쳐서 그로부터 10일 이상 앞이 전혀 보이지 않는 실명 위기에 처한 상해를 입힌 것인데 이는 명백한 주의의무를 위반한 것입니다.

이런 사실을 두고 집중심리 재판부에서 집중심리도 하지 않고 막연한 판시로 판결한 원심은 잘못된 판결인 것입니다.

셋째, 다행히 의학의 발달로 수술 후에 실명위기는 면했으나, 눈에 무언가 끼인 것 같은 불편하고 거북한 현상이 없어지지 않고 평생을 불편하고 거북함을 겪게 하는 후유증으로 남게 된 것인데도 피항소인은 가해자로서의 죄의식은 없이 당연한 것처럼 행세하고 있는 것입니다.

3. 사건경위

다시 한번 사건의 경위를 되풀이 하자면,

가. 항소인은 상해를 입었을 당시 피항소인에게 고의가 아니기 때문에 치료비는 신경 쓰지 말라고 하였는데, 이는 거꾸로 상해를 당한 항소인이 가해자인 피항소인을 배려하여 한 말이었음에도, 가해자인 피항소인은 항소인에게 진정어린 위로와 가해자로서 함께 걱정하고 함께 마음 아파하는 인간의 도리를 져버린 행위를 한 것입니다.

오히려 항소인이 피항소인에게 배려를 했음에도 인간 이하의 행위를 한 피항소인에게 분노를 참을 수 없어 상해 당한자의 심경을 A4용지 두 장 분량으로 피항소인에게 피해자의 심경을 전한 '상해당한자의 심경을 전함'(갑제2호증)이라는 서신을 전했는데, 이런 서신을 받고 나서 자신이 생각이 짧아서 결례를 했다면서 사과를 하고 용서를 구했다면, 항소인은 본 소를 제기하지 않았을 것이며 항소인의 서신을 받고도 사과의 말 한

마디 없고 반성의 빛이 없어 본 소를 제기한 것입니다.

나. 뿐만 아니라 본 소장을 받아 본 피항소인은 계속해서 반성할 줄을 모르고 오히려 상해보험에 가입해 놓았으니 피해 배상금이 나와도 걱정하지 않는다고 하는 말을, 같은 동호인 회원들에게 하고 다닌 것입니다.

피항소인의 이런 파렴치한 행동을 하는 것처럼 피항소인은 상해보험에 가입해 놓았으므로 아무 걱정 없이 본 재판에 당사자로서 한 번도 출석하지 않고 있습니다. 피항소인이 떳떳하다면 당연히 재판에 출석해서 필요한 변론에 임해야 할 텐데도 한 번도 나타나지 않는다는 것은 변론인만 나와서 터무니없는 허위사실만 주장하는 것이 들통이 날까 두려운 것입니다.

다. 본 사건에 관하여 어느 누구에게 경위를 설명하면,

'사람이 어떻게 그럴수가 있느냐?'

'치료비를 신경쓰지 말라고 했으면 고마워서라도 치료비는 안 주더라도 문병은 가야지'

'문병은 가지 않았더라도 퇴원한 피해자에게 깍듯이 위로하고 함께 아파하고 함께 걱정이라도 해야지'

'어떻게 그렇게 모르는채, 당연한채 할 수가 있어'

이렇게 모두들 한결같은 대답입니다.

사람의 내면에 존재하는 본성은 다 같은 것입니다. 이것이 인간의 도리이고 사회 통념인 것입니다

피항소인은 이러한 사회 통념과 인간의 도리를 저버린 것입니다.

3. 결론

상해를 당하고 고통 속에 살아가고 있는 항소인에게 위로의 말 한마디 없이 배상금이 나와도 걱정 없다고 하는 이런 말을, 같은 동호인 회원들에게 하고 다니는 피항소인에게 항소인은 더욱더 분개하면서, 이런 피항소인에게 최고의 괘씸죄를 적용해 달라고 한 것인데,

본 소에서 가장 중요한 문제는 피고소인의 자질, 즉 가해자로서의 잘못을

반성하게 하는 것임에도 오히려 가해자의 모든 잘못을 옹호하여 피항소인의 손을 들어 준 원심판결은 어느 모로 보나 잘못된 판결이므로, 항소심에서의 명쾌한 판결로 가해자인 피항소인에게는 반성하게 하고, 배드민턴 운동에서의 귀감이 되는 판례를 남겨주시기 바랍니다.

2018. 09. 06.
위 항소인 채 우 석

서울중앙지방법원
민사6단독(소액) 귀중

목록13-3 판결 서울중앙지방법원 제2-2민사부 2018나58570 (사고가해자 손해배상)

서 울 중 앙 지 방 법 원
제 22 민 사 부
판 결

사 건	2018나58570 손해배상(기)
원고,항소인	채우석
	서울 관악구 난우16길 63-5(신림동)
피고,피항소인	김×숙
	서울 관악구 법원단디5다길 26, 가동 101호(신림동, 신흥파크)
	소송대리인 법무법인 인×인
	담당변호사 하×수
제1심판결	서울중앙지방법원 2018. 8. 24. 선고 2018가소21878 판결
변 론 종 결	2019. 03. 19.
판 결 선 고	2019. 04. 09.

주 문

1. 제1심 판결 중 아래에서 지급을 명하는 금원에 해당하는 원고 패소부분을 취소한다.
2. 원고의 피고에 대한 나머지 항소를 기각한다.
3. 소송비용 중 80%는 원고가, 20%는 피고가 각 부담한다.
4. 제1항의 금원지급부분은 가집행할 수 있다.

청구취지 및 항소취지

1. 기초사실

가. 원고와 피고는 2017.09.27. 서울시 관악구 미성동에 있는 미성 체육관에서 상대팀이 되어 3대3 배드민턴 복식 경기를 하게 되었다.

나. 위 경기 도중 원고 팀의 다른 선수가 친 셔틀콕이 네트를 넘어오자, 네트에 가까이 붙어 있던 피고는 반대편 네트 너머로 셔틀콕을 쳤다. 이 과정에서 피고가 친 셔틀콕이 반대편 네트 가까이에 있던 원고의 오른쪽 눈을 강타하여 원고는 수정체의 탈구, 유리체 출혈, 홍채 해리의 상해를 입게 되었고(이하 '이 사건 사고'라 한다), 2017.10.31. 우안 인공수정체 제거, 유리체 절제술, 안내 레이저, 인공 수정체 공막 고정술을 받았다.

[인정 근거] 다툼 없는 사실, 갑1, 4, 5, 8, 9호증(이하 가지번호 포함)의 각 기재

2. 당사자의 주장

원고는, 원·피고가 네트를 사이에 두고 내트 쪽에 가까이 붙어 있는 상태에서 피고가 네트를 넘어온 셔틀콕을 원고의 얼굴을 향해 강하게 스매싱함으로써 이 사건 사고가 발생하였으므로, 피고는 이 사건 사고로 인하여 상해를 입지 않았고, 위 사고와 관련된 피고의 행위는 운동경기 참가자의 주의의무를 위반하지 아니한 것으로 위법하지 않았으므로, 피고는 원고에게 이 사건 사고로 인한 위자료 배상책임을 부담하지 않는다고 주장한다.

3. 판단

가. 손해배상책임의 발생

앞서 본 대로 원고가 이 사건 사고로 인하여 상해를 입은 사실은 인정되고, 배드민턴 경기는 네트를 경기장 가운데에 두고 하는 경기로서 비록 복식경기라 하더라도, 권투, 레슬링, 유도 등의 격투기나 대결 구조의 운동경기인 축구, 핸드볼, 농구 등에 비해서는 경기자 상호 간의 빈번한 신체접촉이나 충돌이 예상되는 경기라고 볼 수는 없으나, 배드민턴 경기는 좁은 공간에서 빠르게 진행되는 경기여서 경기 과열이나 선수의 순간적인 판단 착오로 인하여 셔틀콕으로 상대 팀원이나 같은 팀원의 신체를 가격하거나 라켓을 잘못 휘둘러 상대 팀원이나 같은 팀원에게 위해를 가할 수 있는 경기이다. 여기에 타인의 생명·신체·재산에 대한 일반적 주의의무(민법 제750조)를 종합하여 보면, 배드민턴 경기에 참여하는 경기자(특히 복식경기자)는 다른 경기자(상대 팀이나 같은 팀)의 동태를 잘 살펴가며 다른 경기자의 생명이나 신체 안전을 확보하여야 할 신의칙상 주의의무인 안

전배려의무를 부담하고, 그러한 주의의무 위반의 정도가 사회적 상당성의 범위를 벗어나는 경우 경기자는 이에 대하여 불법행위에 기한 손해배상 책임을 져야 한다.

앞서 본 바대로 이 사건 사고 당시 피고가 네트에 가까이 붙어 있었꼬 원고도 반대편 네트 가까이 서 있었던 사실, 피고가 자신 방향으로 날아온 셔틀콕을 네트 반대편에 있던 원고 방향으로 친 사실은 인정되는바, 이러한 원고와 피고의 코트 내 위치들을 고려해 볼 때, 피고로서는 원고의 움직임을 충분히 살피면서 셔틀콕을 침으로써 원고의 안전을 배려하여야 할 주의의무를 부담한다고 봄이 상당하고, 이 사건 사고는 피고가 위와 같은 안전배려의무에 위반하여 발생한 것으로 볼 것이며, 이는 그 주의이무 위반의 내용과 정도에 비추어 사회 통념상 용인될 수 잇는 한계를 초과하였다고 봄이 타당하다. 따라서 피고는 이 사건 사고로 인하여 원고가 입은 정신적 손해를 금전적으로나마 위자할 책임이 있다.

나. 손해배상책임의 범위

앞서 든 증거들에 의하면, 배드민턴 복식경기가 실력에 따라서는 부상의 위험성이 상존하는 경기여서 보안경 등을 착용하여 자신의 눈을 보호할 수 있었음에도 원고는 그러한 조치를 취하지 아니한 점, 원고도 피고의 공격에 대비하여 몸을 돌리는 등 스스로 신체 안전을 확보하려는 조치를 게을리하였다고 보이는 점 등이 인정되는바, 그러한 원고의 잘못이 이 사건 사고의 손해 발생과 확대에 기여하였다고 보이므로, 피고가 배상할 위자료의 액수를 정함에 있어 이를 참작하고, 여기에 원고의 나이, 이 사건 사고의 경위, 상해 및 후유장해의 부위와 정도 등을 종합하여 피고가 배상할 정신적 손해의 액수를 2,000,000원으로 정한다.

3. 결론

그렇다면, 피고는 원고에게 위자료 2,000,000원을 지급할 의무가 있으므로, 원고의 이 사건 청구는 위 인정 범위 내에서 이유 있어 이를 인용하고, 나머지 청구는 이유 없어 이를 기각할 것인바, 제1심 판결은 이와 결론을 일부 달리하여 부당하므로, 원고의 항소를 일부 받아들여 제1심 판결 중 위에서 지급을 명하는 금원에 해당하는 원고 패소 부분을 취소하여 피고에게 위 금원의 지급을 명하고,

원고의 나머지 항소는 이유 없어 이를 기각하기로 하여 주문과 같이 판결한다.

재판장　　판사　　박×우

　　　　　판사　　김×한

　　　　　판사　　김×훈

정본입니다.

2019. 04. 10.

서울중앙지방법원

법원사무관　　이×근

목록14)-1 손해배상 청구의 소 교통사고

소 장

원 고 채 우 석

피 고 김 × 치

'손해배상' 청구의 소

소송물가액   5,000,000원

첨부인지액   25,000원

송 달 료   96,000원

서울중앙지방법원 귀중

소   장

원 고   채 우 석 (390220-1019130)
         서울시 관악구 난우16길 63-5
         전화 010-7220-2323

피 고   김 × 치 (431201-1056511)
         서울시 영등포구 도신로58길 ××-1 (신길동)
         차량번호 개인택시 서울31바 ××××
         전화 010-××××-××××

'손해배상' 청구의 소

청 구 취 지

1. 피고는 원고에게 금5,000,000원의 손해배상금을 지급하라.
2. 소송비용은 피고의 부담으로 한다.
3. 위 제1항은 가집행 할 수 있다.
   라는 판결을 구합니다.

청 구 원 인

1. 2019.10.13. 13:00시경 원고가 서울 관악구 신대방 전철역 건너편(관악구쪽) 횡단로(횡단로1)의 그 전 횡단로(횡단로2) 부근에서 신대방 전철역 방향으로 자전거를 타고 횡단로1의 직진 신호 시간을 맞추어 천천히 진행하던 중 횡단로1 부근에서 직진 신호(녹색)가 떨어져서 계속 직진하고 있는데, 난데없이 좌측 뒷편에서 피고의 택시(개인택시 서울31바××××)가 원고의 자전거를 추월하며 우회전하면서(**갑제1호증 사진1**) 자전거 좌측 손잡이 부근과 원고의 좌측 팔과 어깨 및 허리를 충격하여 자전거가 좌측으로 넘어지면서 동시에 원고의 신체 좌측 부분을 자동차에 받히고 넘어지면서 좌측 발목이 넘어진

자전거에 끼어 일어날 수 없는 지경이 되었으며, 원고가 넘어지면서 택시의 뒤편 우측 바퀴가 원고의 발 옆으로 지나가는 것을 목격하면서 소름 돋는 순간을 느꼈습니다.

이상이 2019.10.13. 일요일 13:00시경 신대방역 앞(관악구쪽) 길 건너에서 택시로부터 충격받아 상해를 입은 상황이였습니다.

2. 사고 이후의 문제점.

> (문제1) 자신의 택시로 충격하여 넘어진 사람이 있으면 차에서 당장 나와 넘어져서 빠져나오지 못하고 있는 사람을 꺼내주어야 함에도 피고는 차에서 나오지 않고 그냥 앉아 있었고, 지나가던 행인이 넘어진 자전거를 들어주며 도와줘서 자전거에 깔려 나오지 못하고 있던 원고가 가까스로 일어나게 되었는데, 이는 가해자인 피고가 즉시 사고를 수습하지 않았다는 점입니다.

3. 비록 사고가 났지만 원고는 다친 곳이 없는 것 같아 연락처나 주라고 했는데 그러고 나서 발목 쪽이 쓰려 와서 양말을 벗겨보니 발목 윗부분(**갑제1호증 사진2**)이 벗겨져서 피가 흘린 것을 목격했는데, 이를 함께 목격한 피고가 원고에게 한다는 말이 병원에 가서 치료한 후 피고에게 연락하라는 것입니다.

> (문제2) 피부가 벗겨지고 피가 난 상태라면 누구의 잘잘못 이전에 다친 사람을 자신의 택시에 태우고 병원을 찾아가서 치료부터 해 주어야 하는 것이 사람의 도리가 아니겠습니까? 그러함에도 피해자에게 병원에 가서 치료한 후 자신에게 연락하라고 하는 기사의 태도는 이 역시 사고수습을 하지 않고 방치하였다는 점입니다.

4. 이같은 기사의 태도에 격분한 본인은 보험회사에 사고접수 하라 하였고, 원고는 관악경찰서 교통과에 전화하였으나 받지 않아서 112에 신고하여 경찰관이 출동하여 사고경위 등을 조사하여 일단 사고수습을 하게 되었는데,

피고의 변명은, 원고가 갑자기 튀어나와서 부딪혔다고 하며 터무니없는 거짓말을 하였는데, 원고가 녹색 신호를 받고 직진하고 있는데 피고의 택시가 우회전으로 추월하면서 원고의 자전거를 충격하여 사고가 난 것으로, 원고는 0.1%의 과실이 없는데도 이 같은 거짓말을 하였습니다.

    (문제3) 사진1의 현장 사진(갑제1호증)은 택시가 사고현장에서 움직이지 않은 그대로의 현장 사진인데(원고가 촬영하였으며 자전거는 원고가 일어나서 옮겨진 사진임), 빨간색 선이 자전거가 진행하던 방향선인데 좌측에서 우회전하며 원고와 자전거를 충격하고 정차한 것이 뚜렷이 나타나고 있는데도 이 같은 거짓말로 허위진술을 하는 기사의 태도에 치미는 분노를 참을 수가 없었습니다.

5. 이후 피고의 보험 담당자가 와서 명함을 주며 어느 병원이든 가서 명함을 주면 치료가 되니까 치료받으라고 하여 택시로 난곡사거리에 있는 정형외과에 갔으나 일요일이라 휴무라서 치료를 받지 못하고 그냥 돌아왔습니다.

6. 집에 와서 옷을 벗고 보니 다친 곳이 발목뿐만 아니라, 팔꿈치 부근(갑제2호증 사진3)과 무릎 아래쪽(갑제2호증 사진4)도 아리기 시작했고 다친 부위를 확인하게 되었습니다.

7. 하룻밤이 지나고 아침이 되니 발목 윗부분과 무릎쪽 그리고 우측 어깨와 ,등허리까지 결리며 통증이 오는 것입니다.

8. 또한 자전거 밑으로 깔리면서 신체상 상해뿐만 아니라, 구입한지 한 달이 겨우 지난(2019.9.7.구입) 비교적 고가(24만8천원)인 신발(갑제1호증,사진2 갑제3호증,사진5)도 앞 부분이 벗겨지는 흉한 모습으로 변하였습니다.

9. 이후 원고는 2019.10.14. 오전에 한×규 정형외과에 입원해서 2019.10.29.까지 입원 치료를 받았으며(갑제5호증), 퇴원 후 통원 치료를 받고 있는데 언제까지 치료를 받아야 사고로 인한 허리, 무릎, 어깨 등의 통증이 없어질지 모르는 상황인데(갑제4호증), 자신의 차량으로 아무 잘못 없이 신호에 따라 직

진하고 있는 원고에게 상해를 가한 피고는, 원고가 입원해서 치료를 받는동안 불편하게 해서 미안하다는 말 한마디도 하지 않고 나 몰라라 하였습니다.

10. 뿐만 아니라 피고는 사고 당시 블랙박스가 있느냐고 묻는 경찰관에게 있다고 대답했는데, 이후 피고측 개인택시 공제조합 담당자(양동훈 대리 02-2140-3907)의 말에 의하면, 블랙박스 동영상을 확인한 결과 이 사건 부분만 지워져 있다는 것입니다.
    이렇게 말도 되지 않는 소리를 하고 있습니다.
    (문제4) <u>이는 자신의 잘못을 은폐하려고 고의로 지운 것으로 이 사건에 대한 증거인멸 행위라 하지 않을 수 없으며,</u>
    <u>영상을 고의로 지운데 대하여, 자신의 영상을 지운 것은 처벌받지 않는다는 법을 악용하여 지운것이며, 자신의 잘못이 아니라면 영상을 지울 필요가 없을 것인데도 영상을 고의로 지운 것을 보면 자신의 잘못을 은폐하려한 것이 드러나고 있는 것입니다.</u>

11. 원고는 2019.10.31. 서울관악경찰서 교통과에 사고 사실을 고소장 형식으로 접수하였으며 담당조사관의 설명에 의하면, 기사가 자신의 블랙박스 영상을 지웠더라도 경찰에서 신대방역 주변의 CCTV로 확인이 가능함으로 추후 재판 과정에서 요구가 있으면 사고현장 영상을 제출할 수 있다고 관악경찰서 교통과 정×종 담당조사관이 말을 하였으며,
    2019.11.1. 정×종 담당조사관으로부터 전화 연락이 와서 신대방역 부근 CCTV에서 사고영상을 찾았으니 확인하러 오라고 하여 원고는 2019.11.04. 관악경찰서 교통과를 방문하여 사고 현장의 영상을 확인하였습니다.

12. <u>이상과 같이 피고는 멀쩡한 원고에게 상해를 입히고도 잘못을 인정하지 않고 오히려 원고가 갑자기 뛰어나왔다는 거짓말을 하며 원고에게 잘못을 뒤집어씌우려고 블랙박스 동영상의 사고 부분을 삭제한 증거인멸 행위와,</u>
    <u>사람의 목숨을 경시하며 터무니없는 금전으로 합의를 구하려고 하는 개인택시 공제조합의 행위가 괘씸하여 법의 정당한 판정으로 원고의 피해를 보상받</u>

기 위해 청구 취지와 같은 손해배상 청구를 하게 된 것으로 괘씸죄를 적용하여 최대한의 피해배상액으로 판결하여 주시기 바랍니다.

첨 부 서 류

갑제1호증	사고차량 위치(사진1) 및 발목상해 사진(사진2)
갑제2호증	상처부위 팔(사진3) 무릎쪽,발목(사진4)
갑제3호증	벗겨진 구두 및 구입영수증(사진5)
갑제4호증	진단서
갑제5호증	입원확인서

2019. 11. 07.

위 원고 채 우 석

서울남부지방법원 귀중

목록14)-2 답변서 (피고)

답 변 서

사　　　건　　　2019가소172469 손해배상(자)
원　　　고　　　채우석
피　　　고　　　김×치
보조참가인　　　전국개인택시운송사업조합연합회
(피고보조참가인)

위 당사자간 위 사건에 관하여 피고와 피고보조참가인은 다음과 같이 답변합니다.

청구취지에 대한 답변

1. 원고의 청구를 기각 한다.
2. 소송비용은 원고의 부담으로 한다.
　　라는 판결을 구합니다.

청구원인에 대한 답변

1. 기초사실

원고의 주장 중 그 주장과 같은 일시·장소에서 사고가 발생한 사실, 피고가 서울31바××××호 차량(이하"피고차량"이라 함)의 운전자인 점 피고보조참가자는 피고와 피고차량에 대하여 공제계약자인 사실만 인정하고 그 이외의 주장은 모두 부인합니다.

2. 원고의 주장

원고는 2019.10.13. 13:00시경 서울 관악구 신대방 전철역 건너편 부근에서 자전거를 타고 직진 신호 시간을 맞추어 진행하던 중 피고차량이 우회전하면서 원고차량의 자전거 좌측 손잡이 부근과 원고의 좌측 팔과 어깨 및 허리를 충격하여 자전거와 좌측으로 넘어진 사고라 주장하면서 피고에게 근거 없이 500만원을 청구하고 있습니다.

3. 원고의 주장에 대한 피고의 항변

　가. 피고의 무과실

　　1) 이 사건 사고는 피고차량은 우회전하기 위해 정상적으로 정차중에 원고차량이 직진중에 중심을 잃고 넘어진 사고이며 원고의 전적인 과실에 의하여 발생한 사고입니다

　　2) 교통사고사실확인원에도 피고는 피해자로 확인이 되며 서울관악경찰서의 사실조회회신 내용에도 피해차량은 피고이며 사고처리 결과 인적, 물적 피해가 없다 보니 경찰에서는 내사종결 처리되었음을 회신한 바가 있습니다.

　　3) 또한, 위 사고내용은 원고가 주장하듯 신대방역 주변의 CCTV를 확인하여 피고차량이 정상적으로 정지되어 있음을 확인하였고 원고가 자전거를 운전 중 중심을 잃고 넘어지는 부분이 확인되었으므로 서울관악경찰서에서는 피고를 피해자로 지정하고 사고내용을 기재해준 부분입니다.

　　4) 그러나, 원고는 오히려 100% 과실을 가지는 가해자임에도 불구하고 사고사실을 왜곡하여 피고에게 손해배상청구를 청구하고 있습니다.

　　5) 사고 당시 피고차량은 우회전하기 위해 정차를 하고 있었으나, 원고가 자전거를 운전하며 운전미숙으로 중심을 잃고 넘어진 부분까지 책임질 필요는 없다 하겠습니다.

4. 예비적 주장

　1) 원고는 500만원을 청구하고 있으나 원고의 청구원인에 대하여 명확하게 주장하지 않고 있습니다.

2) 원고의 청구원인은 객관적으로 명확하게 명시가 되면 추후 원고의 청구원인에 대하여는 예비적으로 주장하도록 하겠습니다.

5. 결 론

따라서 원고의 청구는 이유가 없다 하겠으므로, 원고의 청구를 기각 결정하여 주시기 바랍니다.

입 증 자 료

을제1호증   교통사고사실확인원
을제2호증   서울관악경찰서 시실조회회신서

2020. 02. 25.

위 피고보조참가인 전국개인택시운송사업조합연합회

대표자 이사 박×수

서울중앙지방법원 민사303단독(소액) 귀중

목록14)-3 준비서면 2020.04.14. (원고)

준 비 서 면

2019가소 172469

원 고   채 우 석

피 고   김 × 치

보조참가인   전국개인택시운송사업조합연합회
(피고보조참가인)

위 사건에 관하여 원고는 다음과 같이 변론합니다.

1. 원고는 정차 중에 있는 피고의 차량에 원고가 넘어진 것이 아닙니다.

    소장에서도 밝혔지만,

    2019.10.13. 13:00시경 원고가 서울 관악구 신대방 전철역 건너편(관악구쪽) 횡단로(횡단로1)의 그 전 횡단로(횡단로2) 부근에서 신대방 전철역 방향으로 자전거를 타고 횡단로1의 직진 신호 시간을 맞추어 천천히 진행하던 중 횡단로1 부근에서 직진 신호(녹색)가 떨어져서 계속 직진하고 있는데, 난데없이 좌측 뒷편에서 피고의 택시(개인택시 서울31바××××)가 원고의 자전거를 추월하며 우회전하면서(**갑제1호증 사진1**) 자전거 좌측 손잡이 부근과 원고의 좌측 팔과 어깨 및 허리를 충격하여 자전거가 좌측으로 넘어지면서 동시에 원고의 신체 좌측 부분을 택시에 받히고 넘어지면서 좌측 발목이 넘어진 자전거에 끼어 일어날 수 없는 지경이 되었으며,

    <u>원고가 넘어지면서 택시의 뒤편 우측 바퀴가 원고의 발 옆으로 지나가는 것을 목격하면서 소름 돋는 순간을 느꼈습니다.</u>

    이상이 2019.10.13. 일요일 13:00시경 신대방역 앞(관악구쪽) 길건너에서 택시로부터 충격받아 상해를 입은 상황이었습니다.

2. 비록 사고가 났지만 원고는 다친 곳이 없는 것 같아 피고에게 연락처나 주고

가라고 하였고, **(갑제6호증, 연락처)** 피고는 원고의 말대로 연락처를 적어주기 위해 자신의 차량으로 들어 갔습니다.

3. 그러고 나서 발목 쪽이 쓰려와서 양말을 벗겨보니 발목 윗부분**(갑제1호증 사진2)**이 벗겨져서 피가 나는 것을 목격했는데,
연락처를 적어서 차량에서 나온 피고에게 상처 부위를 보여주니 원고에게 한다는 말이 '병원에 가서 치료한 후 자신에게 연락하라'는 것입니다.

(문제점1)

피부가 벗겨지고 피가 난 상태라면 누구의 잘잘못 이전에 다친 사람을 자신의 택시에 태우고 병원을 찾아가서 치료부터 해 주어야 하는 것이 사람의 도리가 아니겠습니까? 그러함에도 피고는 상처 입은 자에게 병원에 가서 치료한 후 자신에게 연락하라고 하는 기사의 태도에 원고는 분노한 것입니다.

피고가 상처를 확인한 후 함께 병원에 가서 치료를 해 주었다면 원고는 당시 상처난 부위가 경미한 것으로 보였기 때문에 위에서 밝힌 바와 같이 연락처만 받고 마무리했을 것이며 본 사건 손해배상청구 소송은 하지 않았을 것입니다.

4. 이 같은 기사의 태도에 분개한 원고는 보험회사에 사고접수 하라 하였고,
원고는 관악경찰서 교통과에 전화하였으나 받지 않아서 112에 신고하여 경찰관이 현장에 출동하여 사고 경위 등을 조사하여 일단 사고수습을 하였으며,
피고는 사고 당시 블랙박스가 있느냐고 묻는 경찰관에게 있다고 대답했는데, 나중에 피고 측 개인택시 공제조합 담당자(**양동훈 대리 02-2140-3907**)의 말에 의하면, 블랙박스 동영상을 확인한 결과 이 사건 부분만 지워져 있다는 것입니다.
이렇게 말도 되지 않는 소리를 하고 있습니다.
<u>피고는 사고 즉시 사람이 자전거에 깔려서 빠져나오지 못하고 있었는데도, 차량에서 나오지 않고 한참 동안 그대로 앉아 있었는데,</u>
<u>이때 나오지 않고 앉아 있는 동안 자신의 블랙박스를 확인하고 자신이 불리한 영상이니까 사고 부분의 영상만 지운 것으로 보입니다.</u>

(문제점2) 이는 자신의 불리한 사고를 은폐하려고 고의로 사고순간의 영상만 지운것으로 이 사건에 대한 증거인멸 행위라 하지 않을 수 없으며,

'자신의 영상을 고의로 지운 것은 처벌받지 않는다'는 법을 악용하여 지운것이며, 자신의 잘못이 아니라면 영상을 지울 필요가 없을 것인데도 영상을 고의로 지운 것을 보면 자신의 잘못을 은폐하려 한 것이 명백하게 드러나고 있는 것입니다.

알고보니 피고는 사고 다발 자였습니다. 사고에 대하여 나름대로의 노하우가 생겨 사고 영상을 지운 것으로 가해자로서의 행동이 뻔뻔하기 이를 데 없습니다.

'사고는 보험에서 처리해 주니까 마음대로 하라'는 식으로 사람의 기본도리를 망각하고 사람의 목숨을 경시한 태도를 취한 자입니다.

5. 서울관악경찰서 교통과의 내사결과보고서를 보면,

2019.10.13. 일요일 13:00시경 원고가 사고 즉시 서울관악경찰서 교통과에 전화를 하였으나 당직자도 없었는지 두 번을 전화해도 전화를 받지 않았습니다.

그래서 현장사고는 원고가 112에 신고를 하게 되었고, 112신고를 받은 경찰관들이 사고 현장에 나와서 보험사 직원과 함께 사고수습을 하였는데,

당시 경찰관이 블랙박스가 있느냐고 물었고, 택시 기사는 있다고 대답하는 등 현장 조사를 마치고, 사고 담당 직원(이×성)이 명함을 주면서(**갑제7호증, 명함**), 어느 병원이든 명함을 주면 치료해 준다고 하여 명함을 받고 원고는 현장을 떠난 것입니다.

6. 사고 당시 사고 조사를 한 112 경찰관과 사고수습 담당자인 마스터자동차 동작서울서부점 부장 이×성 등은 사고 책임이 피고에게 있다는 것이 확인 되었기 때문에 원고에게 명함을 주고 병원에 가서 치료를 받으라고 한 것입니다.

그렇지 않고 원고의 과실이었다면 원고에게 명함을 주며 어느 병원이라도 가서 치료받으라고 하지 않았을 것은 자명한 사실입니다.

그리고 원고의 과실이었다면 원고가 입원해서 치료 받고 있을 때 왜 100여

<u>만원으로 합의하자고 했겠습니까.</u>
원고 또한 사고 현장에서 원고의 과실이었다고 했다면 소송은 왜 했겠습니까?
<u>서울관악경찰서 교통과에서는 사고 당시에는 전화를 해도 나타나지 않았다가 원고가 2019.10.31. 퇴원해서 사고경위서(고소장)를 제출했더니 그제서야 뒷북치는 식으로 을제3호증의 교통사고내역을 보내며 일방적으로 원고의 과실로 내사 종결했다는 것입니다.
을제4호증의 CCTV 영상에서는 피고 택시가 원고의 좌측에서 우회전 하다가 원고의 자전거 앞에서 멈춘 영상은 나오지 않았습니다.
그러므로 사고 당시의 여러 정황으로 봐서 피고 차량의 블랙박스에서 피고에게 불리한 사고 부분만 고의로 지워버린 상태에서 을제4호증의 CCTV 영상만으로 원고의 과실로 뒤집어 내사 종결한 을제3호증은 인정할 수가 없습니다.</u>

7. 피고보조참가인은 원고에게 운전미숙으로 중심을 잃고 넘어졌다고 하였는데, 원고가 어린 아이입니까?
원고는 자전거를 초등학교 3학년 때부터 타기 시작해서 70여 년이 넘었고, 자전거 운전은 양손을 놓고도 마음대로 운전할 수 있는 운전 능숙자에게 자신의 잣대로 운전미숙이라 하니 말문이 막힙니다.
사고 당시 원고는 가로막는 택시에 부딪히지 않으려고 좌우로 기우뚱대다가 좌편으로 넘어진 것입니다.

8. 사고후 2주간 입원 치료했으나 허리통증이 가시지 않았고 통증이 계속되어 오랫동안 통원치료를 받았습니다.

9. 이상과 같이 피고는 멀쩡한 원고에게 상해를 입히고도 잘못을 인정하지 않고 오히려 원고가 갑자기 튀어나왔다는 거짓말을 하며 원고에게 잘못을 뒤집어 씌우려고 법을 악용하여 블랙박스 영상의 사고 부분을 삭제한 증거인멸행위와,

사람의 목숨을 경시하며 터무니없는 금전으로 합의를 구하려고 하는 개인택시 공제조합의 행위가 괘씸하여 법의 정당한 판정으로 원고의 피해를 보상받기 위해 청구 취지와 같은 손해배상 청구를 하게 된 것입니다.

첨 부 서 류

    갑제6호증   연락처
    갑제7호증 명함

2020. 04. 14.
위 원고 채 우 석

서울중앙지방법원 민사303단독(소액) 귀중

목록14)-4 조정을 갈음하는 결정조서

서울중앙지방법원
조정을 갈음하는 결정조서

사 건	2019가소172469	손해배상(자)
원 고	채우석	
	서울 관악구 난우16길 63-5 (신림동)	
피 고	김×치	
	서울 영등포구 도신로58길 ××-1 (신길동)	
	송달장소 서울 송파구 올림픽로 319, 11층(신천동, 새마을 교통회관	
피고보조참가인	전국개인택시운송사업조합연합회	
	서울 강남구 역삼로17길 55	
	대표자 이사 박×수	
	소송대리인 조×형	

판 사	박×주	기 일 : 2020.04.23. 14:30
조 정 위 원	유×희	장 소 : 제2별관 2층201호법정
조 정 위 원	유×상	공 개 여 부 : 공 개
조 정 위 원	김×자	
법 원 주 사	김×근	

원고 채우석	출석
피고 김×치	출석
피고보조참가인 대리인 조×형	출석

다음과 같이 조정을 갈음하는 결정을 하였음을 고지

결 정 사 항

1. 피고 및 피고 보조참가인은 공동하여 원고에게 1,000,000원을 2020.05.23.까지 지급한다. 만일 피고 및 피고 보조참가인이 위 지급기일까지 위 돈을 지급하지 아니한 때에는 미지급한 돈에 대하여 지급기일 다음날부터 다 갚는 날까지 연 12%의 비율로 계산한 지연손해금을 가산하여 지급한다.
2. 이 결정이 확정되어 피고 및 피고 보조참가인이 위 제1항에서 정한 돈을 원고에게 지급하면, 2019.10.13. 13:00경 서울 관악구 난곡로 370에서 원고 자전거와 피고차량(서울31바0000) 사이에 발생한 교통사고와 관련한 모든 분쟁이 해결된 것으로 보고, 원고와 피고 및 피고 보조참가인 상호간에 더 이상 아무런 채권·채무관계(원고의 피고 및 피고 보조참가인에 대한 일체의 추가청구, 피고의 원고에 대한 손해배상청구, 피고 보조참가인의 원고에 대한 구상금청구, 부당이득 반환청구 등 일체포함)가 남아 있지 아니함을 확인한다.
3. 소송비용 및 조정비용은 피고 보조참가로 인한 부분을 포함하여 각자 부담한다.

청 구 의 표 시

청구취지 : 피고는 원고에게 5,000,000원을 지급하라.

청구이유 : 2019.10.13. 13:00경 서울 관악구 난곡로 370에서 원고 자전거와 피고 차량(서울31바××××) 사이에 발생한 교통사고로 인한 위자료 손해배상청구

　　　　　법 원 주 사　　　　　김×근
　　　　　법 원 주 사　　　　　박×주

정본입니다.

2020. 04. 28.
법원주사 김×근

목록15)-1 종합소득세 등 부과처분(간주임대료)취소 청구의 소 (1차)

준 비 서 면

92구 16463

원 고   임 × 희
피 고   용 산 세 무 서 장

위 사건에 관하여 원고는 다음과 같이 변론을 준비 합니다.

다   음

1. 피고의 변론에 의하면, 구 소득세법 제29조 제1항 및 같은법 시행령 제58조 제2항에 부동산을 대여하고 받은 보증금을 사업과 관련하여 사용하였는지 여부가 불분명한 때에는 부가가치세법 시행령 제49조의2 제1항의 산식에 의하여 계산한 율을 곱하여 산출한 금액(간주임대료)을 총수입금액에 산입하도록 규정하고 있다. 라고 하면서, 원고가 임대보증금을 받아 공사비로 충당한것을 입증하지 못하고 있으므로 이건 임대보증금은 임대부동산의 신축 및 자본적지출에 사용되었는지 불분명하여 구 부가가치세법 시행령 (피고의 착오,소득세법 시행령임) 제58조 제2항 제5호의 규정에 따라 간주임대료를 총수입금에 산입하여야 한다. 라고 했는데,

① 피고가 주장하고 있는, 임대보증금을 받아 공사비를 충당한것을 입증하지 못하고 있다고 하는 쟁점에 대해서,

원고는 건물완공전인 공사중에 임대보증금을 선지불한 당시의 임차인(현재까지도 입주하고 있음) 으로부터 원고가 선수보증금을 받으면서 발행했던 영수증을 사본하여 발급받아 제출한 영수증(갑제 2호증의1-9)과 공사수급자인 소외 박종배 에게 공사비를 지불하고 받은 영수증(갑제 3호증의1-35)으로 선수보증금을 공사비에 충당한 사실을

명백하게 입증하고 있으므로, 피고가 주장하는 구 소득세법 시행령 제58조 제2항 제5호의 규정이 아닌,

소득세법 기본통칙 3-1-18...29 (임대보증금에 대한 부동산소득 총수입금계산) 제2항 (보증금등의 운용내역이 분명한 경우의 예시) 제1호, 임대부동산의 신축(선수보증금의 사용포함) 및 자본적 지출에 사용한 경우.가 분명하므로,

간주임대료 54,070,661원을 총수입금액에 산입한것은 분명히 잘못된 계산이었습니다.

② 뿐만아니라 당시 건물완공전에 계약한 미국의 AII 보험회사로 부터 건물완공전인 1988.3.30.까지 받은 선수보증금 78,000,000원도 갑제14호증에서 보는바와 같이 당시 총 계약보증금인 81,900,000원(갑제15호증의2)에서 건물완공전 선지불 조건으로 3평에 상당하는 3,900,000원(평당1,300,000원)을 감액하기로 쌍방 합의하여 78,000,000원으로 결정 되었던 것입니다.

이렇게 공사비를 충당하기 위하여 임대보증금을 390만원이나 감액해 주는등, 신축당시의 상황이 선수임대보증금으로 공사비를 지불한것이 틀림없음을 입증하고 있습니다.

2. 피고는 원고 스스로도 1991. 5. 31. 위 규정에 따라 간주임대료를 산정하여 총수입금액에 산입한후 세무사의 조정을 거쳐 소득세 신고를 하였고 수정신고 기간인 같은해 6.30.이 경과 하도록 수정신고도 한바 없으므로 피고의 당초 처분은 정당한 것입니다. 라고 했는데,

① 원고는 피고처분청의 잘못으로 부당하게 과세 되었다고 주장하는것이 아닙니다. 다만 뒤늦게나마 잘못 신고된것이 발견되어 법정 심사청구 기간내에 잘못된 과세처분의 취소를 청구한 이상, 이를 구제 받는 것은 지극히 정당한 일이라 사료되는 것이며,

앞서 소장에서도 밝힌바 있듯이 원고의 무지로 장부처리를 세무사에게 위임했던 것인데, 위임받아 장부처리를 하면서 세무조정을 한 세무사가,사실은세무
사 성복환이 아닌 세무회계사무소 사무장 이상석 이었으며, 세무사가

아닌 사무장의 업무미숙으로 소득금액에 산입하지 말았어야 할 간주임대료 상당액을 총수입금액에 산입했기 때문에 실제로 아무 소득도 없는 상태에서 엄청난 소득세가 과세된 것입니다.

　원고는 이렇게 해서 잘못 부과된 소득세를 감당 할 길이 없어 전전긍긍 하던차에 새로 채용된 직원으로 인하여 신고가 원천적으로 잘못된것을 발견하여 원고가 비로소 알게 된 것이었습니다.

3. 그러므로 원고의 위 주장을 다시한번 간추려 진술하자면,
처분청이 결정한 소득세과세표준금액 및 세액결정결의서 (을제1호증) 및(갑제10호증)의,

　　총결정세액 (50)　　26,164,947원의 내역은,
　　세무대리인의 조정계산서(갑제12호증의2)에서,
　　결산상 당기순이익　　40,028,114원과
　　조정계산액　　26,873,399원을 합한,
　　소득금액　　66,901,513원에서,
　　원효로 2가 94-6 소재,
　　부동산소득금액　　5,076,000원(갑제10호증의2,이면)을 합한,
　　결정소득금액 (24)　　71,977,513원에 대한 산출세액인데,

　위 내역중 당기순이익　　40,028,114원은,
당초 세무대리인인 소외 세무사 성복환이 원고로부터 모든 회계업무를 위임받아 장부처리를 하면서 손익계산서(갑제8호증의3)에서 보는 바와 같이, 연간 매출액이,
수입임대료인　69,633,570원 밖에 되지 않는데, 여기에다, 앞에서 밝힌바 있듯이,

　① 소득세법 기본통칙 3-1-18...29,2항에 의하여 소득금액에서 제외해야 할 선수임대보증금 566,500,000원에 대한 부가가치세법 시행령 제49조의 2, 제1항의 산식에 의한 율을 곱하여 산출한 간주임대료 54,070,661원(갑제9호증의1)을 매출로 계산하여,
총매출액을 123,704,231원으로 처리했기 때문이며,

② 또한 소득세법 기본통칙 3-10-4...48, 2항에 의하여 원고가 납부한, 간주임대료에 대한 부가가치세 5,407,065원을 필요경비에 산입하지 않았기 때문에 산출된 당기순이익금인 것입니다.

그러므로,

위 ① 의 간주임대료 54,070,661원과

② 의 부가가치세 5,407,065원을 각각 결정소득금액인 71,977,513원에서 공제하여 소득세를 계산하면, 원고가 주장하는 갑제8호증의1에서 예시한 바와 같은 총결정세액 1,634,971원이 정당하다 할 것입니다.

1992. 10. .

위 원고 임 × 희

서울고등법원 특별6부 귀중

증 거 목 록

92구 16463

갑제9호증의	1	간주임대료 산출내역
〃	2	부동산임대공급가액 명세서 (1월-3월)
〃	3	부가가치세 예정신고서　　(　〃　)
〃	4	부동산임대공급가액 명세서 (4월-6월)
〃	5	부가가치세 확정신고서　　(　〃　)
〃	6	부동산임대공급가액 명세서 (7월-9월)
〃	7	부가가치세 예정신고서　　(　〃　)
〃	8	부동산임대공급가액 명세서 (10월-12월)
〃	9	부가가치세 확정신고서　　(　〃　)
갑제10호증		소득세과세표준금액 및 세액결정결의서
갑제11호증의	1	소득세과세표준확정신고및자진납부계산서
〃	2	소득금액계산명세 (Ⅰ)
갑제12호증		소득공제사항명세서
갑제13호증의	1	조정계산서부속서류첨부목록
〃	2	조정계산서
〃	3	(2) 소득금액계산서
〃	4	조정반신청서
〃	5	90년귀속소득세 서면신고기준검토표
〃	6	소득금액조정합계표
〃	7	소득금액조정명세서
〃	8	유보소득조정명세서
〃	9	접대비등조정명세서
〃	10	유형고정자산감가상각비 조정명세서
갑제13호증의	11	필요경비선급분조정명세서
〃	12	세금과공과금조정명세서
〃	13	갑종근로(퇴직)소득세원천징수대사표

〃	14	자산면세서
〃	15	유형고정자산명세서
〃	16	부채명세서
갑제14호증		임대차보증금지불확인서
갑제15호증의1		임대차계약서 (AII) 영문
〃	2	〃 〃 국문번역
갑제16호증의1		〃 (롱프랑) 영문
〃	2	〃 〃 국문번역
갑제17호증		〃 (디케이)
갑제18호증		소득세법기본통칙
		(3-1-18...29 및 3-10-4...48 예시)
갑제19호증		세무회계사무소 사무장 명함

- 이 상 -

소 득 세 기 본 통 칙 예 시

소득세법 기본통칙 3-1-18…29 (임대보증금에 대한 부동산소득 총수입금액 계산)

① 부동산 또는 부동산상의 권리를 임대하고 보증금,전세금 또는 이와 유사한 성질의 금전 또는 대가를 받는경우에, 그 운용사항과 내역이 비치 기장된 장부와 증빙서류에 나타나지 않고 불분명한 경우에는, 그 불분명한 금전에 대하여 법 제118조 내지 제119조 규정에 의하여 실지 조사결정 또는 서면조사 결정할 수 없는 것이므로 법 제29조 제1항 및 영 제58조 제1항에 의하여 계산한 금액(간주임대료)을 부동산소득의 총수입금액에 산입한다. (88. 2. 1.신설)

② 보증금등의 운용내역이 분명한 경우의 예시. (88. 2. 1.신설)

    1. 임대부동산의 신축 (선수보증금의 사용포함) 및 자본적지출에 사용한 경우.

    2-5 생략.

③ 보증금등의 운용내역이 불분명한 경우의 예시. (88. 2. 1.신설)

    1.입금이 누락된 보증금의 사용내역이 확인되지 아니한 경우.

    2.사업자 인출후 사업용이 아닌 부동산의 매입이나 사채제공 등에 사용한 경우.

    3.사업자가 인출하여 가사용 등에 사용한 경우.

    4.기타 자금의 사용처를 구체적으로 밝히지 못하는 경우.

소득세법 기본통칙 3-10-4…48 (부가가치세에 대한 필요경비의 취급)

① 생략

② 부동산 임대업을 영위하는 사업자(부가가치세법상 일반과세자에 한한다)가 전세금 또는 전세보증금에 대하여 계산한 부가가치세를 임차자로부터 거래징수 하지 못하고 자기가 부담하는 경우에 한하여 필요경비에 산입한다

③,④,⑤,⑥ 생략.

간 주 임 대 료 산 출 내 역

기 간	임대보증금	간주임대료 (보증금의 이자)	납부한 부가가치세	비 고
1월 - 3월	523,000,000	12,788,761	1,278,876	1990. 4.25.납부
4월 - 6월	543,000,000	13,537,804	1,353,780	〃 7.25. 〃
7월 - 9월	536,500,000	13,522,733	1,352,273	〃 10.25. 〃
10월-12월	566,500,000	14,221,363	1,422,136	1991. 1.25. 〃
합 계		54,070,661	5,407,065	

※ 산출내역에 대한 분기별 근거서류는 부가가치세 납부서류인, 갑제 9호증의2-9 에서 입증함.

목록15)-2 종합소득세 등 부과처분(간주임대료)취소 청구의 소 (2차)

소　　　장

　　　　　　원 고　　　　임　×　희

　　　　　　피 고　　　　용산세무서장

"종합소득세 등 부과처분취소 청구의 소"

　　　　　소송물가액　　　　　31,123,790 원

　　　　　첨부인지액　　　　　　　　　　원

　　　　　송 달 료　　　　　　　　　　　원

　　　서울고등법원　　귀중

소　　장

　　원　고　　　임　×　희
　　　　　　　　서울특별시 용산구 동빙고동 7-22
　　　　　　　　창희빌딩　　전화 794-0707

　　피　고　　　용산세무서장
　　　　　　　　서울특별시 용산구 한강로 3가 65-342

"종합소득세 등 부과처분취소 청구의 소"

청　구　취　지

1. 피고가 원고에게 1993. 03. 16. 고지발급한 1991년도귀속 종합소득세 32,025,840원중 31,123,790원의 부과처분은 부당하므로 이를 취소하라.
2. 소송비용은 피고의 부담으로 한다.
　 라는 판결을 구합니다.

청　구　원　인

1. 원고는 서울특별시 용산구 동빙고동 7-22 소재 창희빌딩(6층)의 부동산 임대업을 영위하는 자로서, 피고가 원고의 1991년귀속 종합소득세 결정에서,
구 소득세법 제29조 제1항제2호(1990.12.31.법률제4281호로 개정되기 전의것), 같은법 시행령 제58조 제1항,제2항(1990.12.31.대통령령 제13194호로 개정되기 전의것)에 의하여,
당 빌딩 신축당시 건물 임대보증금을 미리받은 선수보증금의 건물 신축공사 대금으로 충당된 것이 확실하여 1990년귀속 종합소득 총수입금액에서 제외된 임대보증금(갑제5호증의1,서울고등법원 판결

문. 갑제5호증의2,대법원 판결문 참조)은 1991년귀속 종합소득 총수입금액에서 공제해야 함에도,

피고는 1990. 12. 31. 세법이 개정되었다 해서, 세법이 개정되기전, 이미 건물 신축공사 대금으로 충당된것이 분명하여 종합소득 총수입금에서 제외된 임대보증금 상당액을 개정된 세법에 의하여 모두 소급적용 하여 1991년귀속 종합소득금액에 산입하였는데, 세법이 개정 되기전부터 과세되던 간주임대료를 세법개정후 계속해서 소득금액에 산입 하는 것은 당연하겠지만, 원고와 같은 경우의 구소득세법에 의하여 공제받은 간주임대료 상당액은 소득금액에서 제외해야 하는데도 피고는 과거 공제받은 간주임대료까지 모두 소급해서 적용하여 종합소득세를 결정한 오류를 범한 것입니다.

2. 모든 법률이 개정되면, 법률개정후 최초로 발생하는 것부터 적용 하는것이 원칙이며, 상식이므로 원고는 구 세법에 의하여 이미 공제받은 임대보증금을 소급해서 적용하는 부당한 처분을 시정해 달라는 취지의 질의를,

  1993. 02. 18. 재무부에 질의 하였으나, 재무부는,

  1993. 02. 20. 원고의 질의를 국세청에 이송 하였고,

국세청은,

  1993. 03. 08. 세법이 개정된 1990.12.31. 이전에 공제받은 임대보증에 대해서도 모두 적용한다는 회신을 한바,

원고는 국세청의 자의적인, 부당한 회신에 대하여,

  1993. 03. 15. 국세청의 법적근거도 제시하지 못한 채 구태의연한 무사안일주의의 행정처리를 시정 해 달라는 뜻으로 또다시 재무부에 2차 질의를 하였으나,

  1993. 03. 31. 재무부 역시 개정된 법률을 소급해서 적용하는 아무런 법적근거도 제시하지 못한 채 국세청과 똑같은 자의적인 해석 그대로의 회신이었습니다.

3. 이상과 같은 잘못을 시정 하기 위해 1993. 04. 16. 감사원에 심사청구를 하였으나 감사원 역시,

'1990년도 귀속 종합소득세 과세 시에는 그 당시 적용되던 세법에 따라 공사비로 지출한 보증금에 대하여 간주임대료를 계산하지 않는 것이 타당하나,

1991년 귀속 종합소득세 과세 시에는 설사 청구인이 미리 받은 임대보증금으로 공사비를 지급하였다 하더라도 그 금액은 간주임대료를 계산하여야 하는 보증금이므로 처분청이 공사비를 지급한 임대보증금에 대하여 간주임대료를 계산하여 총수입금액에 산입 과세한 당초 처분에 잘못이 없다 할 것이다.'

라고 하며 1993. 06. 28. 원고의 청구를 기각 하였는데,

감사원은,

<u>서울고등법원과 대법원의 판결까지 받은, 공제 되어야하는 임대보증금을 두고,</u>

<u>미리받은 임대보증금으로 공사비를 지급한것은 간주임대료를 계산하여야하는 보증금이라 하며, 법리를 오해하여 원고의 청구를 기각한 것입니다.</u>

4. 세법뿐 아니라 모든 법률이 개정되면, 개정된 이후 최초로 발생하는 것부터 적용하는 것이 상식인데,

　개정된 세법의 부칙에서도, 모든 조항에 대하여,

'<u>이 법 시행후 최초로체결, 최초로양도, 최초로결정, 최초로지급, 최초로 지출, 최초로개시, 최초로공급</u>' 등,

모든 조항이, 이 법 시행후 최초로 발생한 것부터 적용한다.로 되어 있지, 어느조항에도 '소급해서 적용한다' 라고하는 조항이 없습니다.

　위와 같은 예시가 없다 하더라도 이렇게 법률을 소급해서 적용한다는 것은 있을 수 없는 상식 밖의 일인데도, 처분청은 '법률 불소급원칙'을 무시하고 국민의 재산권을 침해하는 오류를 범한 것입니다.

5. 이에 원고는 1991년 귀속 종합소득금액 계산에서 총수입금으로 산입 된, 구 세법에 의하여 공제된 임대보증금에 해당하는 간주임대료 66,508,610원을 공제받고, 부당하게 과세된 31,123,790원의 취소

를 구하기 위해 본소에 이르게 된 것입니다.

입 증 방 법

1. 심사청구의 처리 (감사원)
1. 종합소득세액 계산대비표.
1. 종합소득세 납세고지서.
1. 1991년귀속 소득세 결정결의서.
1. 소득금액 계산서(결정결의서).
1. 수입금액 결정결의서.
1. 조사금액 계산서.
1. 소득금액 조사서.
1. 질의서(1993.2.18).
1. 질의서회신(1993.3.9. 국세청).
1. 질의서(재질의 1993.3.15).
1. 질의회신(1993.3.31. 재무부).
1. 서울고등법원 판결문 (1992.12.8. 종합소득세부과처분 취소)
1. 대법원 판결문

첨 부 서 류

1. 위 입증방법 각1통
1. 납 부 서 1통

1993. 07.   .
위 원고 임 × 희

서울고등법원 귀중

증 거 목 록

갑제 1호증의1	심사청구의 처리 (감사원)
갑제 1호증의2	심사결정
갑제 2호증	종합소득세액계산 대비표
갑제 3호증	납세고지서
갑제 4호증	1991년귀속소득세결정결의서
갑제 5호증	소득금액계산서 (결정결의서)
갑제 6호증	수입금액결정결의서
갑제 7호증	조사금액계산서
갑제 8호증	소득금액조사서
갑제 9호증	질의서 (1993.3.9. 개정소득 세법에 의한간주임대료의 소득세과세 여부)
갑제10호증	총수입금액계산 특례규정의 적용시기(질의회신)
갑제11호증	질의서 (재질의,1993.3.15)
갑제12호증	질의회신 (1993.3.31.재무부)
갑제13호증	서울고등법원판결문 (1992.12.8. 종합소득세부과처분 취소)
갑제14호증	대법원 판결문 (1993.5.27. 종합소득세부과처분 취소 판결확정)

- 이 상 -

납 부 서

원 고   임 × 희
피 고   용산세무서장

위 당사자간 '종합소득세 등 부과처분취소 청구사건에 관하여 원고는 다음과 같이 송달료를 납부 합니다.

송 달 료   금 26,400 원

1993. 7. .
위 원고 임 × 희

서울고등법원   귀중

목록15)-3 자동차 방지턱철거 소장

소 장

원고   채 달 기
       서울특별시 용산구 동빙고동 7-22
       창희빌딩 전화 794-0707
       우140-230

피고   성남시
       성남시 수정구 태평동 3309
       우461-700

'손해배상'

  소송물가액   금   원

  첨부인지액   금   원

  송 달 료   금   원

서울지방법원 성남지원 귀중

소　　장

원고　　　　채　달　기
　　　　　　서울특별시 용산구 동빙고동 7-22
　　　　　　창희빌딩　전화 794-0707
　　　　　　우140-230

피고　　　　성남시
　　　　　　성남시 수정구 태평동 3309
　　　　　　우461-700

'손해배상'

청 구 취 지

1. 피고는 원고에게 손해배상금 10,000,000원을 지급하라.
2. 소송비용은 피고의 부담으로 한다.
3. 위 제1항은 가집행 할 수 있다.
   라는 판결을 구합니다.

청 구 원 인

1. 원고는 2000. 6. 8. 06:00시경 성남시 분당구 이매동 115-1 미림프라자(이매촌 진흥아파트 802동 옆) 건너편 탄천 뚝방에서 탄천으로 내려가는 경사진 길을 자전거로 내려가다가 경사진 길을 다 내려온 지점에서 갑자기 나타난 과속 방지턱을 앞바퀴로 받으면서 공중으로 퉁겼다가 좌측으로 넘어지면서 얼굴과 어깨, 팔, 다리 등 6군데를 다치는 사고를 당했는데 이중,

　　얼굴의 좌측 눈밑 광대뼈쪽 상처부위중 반쪽은 4바늘을 꿰매고 나머지 반쪽은 패인 살점이 떨어져 나가 꿰맬 수 없는 상처를 입었고,

　　무릎과 팔은 갈아 붙힌 상처가 깊어 한발자국 움직일 때마다 상처가 땅겨서 꾸부릴 수가 없어 완치할 때까지 겨우 발길을 옮기는 고통을 받고

있으며,

왼쪽 어깨와 오른쪽 발목 위와 오른쪽 무릎 위 등 3군데는 가벼운 찰과상을 입는, 전치 2주의 상해를 입었습니다.

원고가 이와 같은 사고를 당하여 피고에게 손해배상을 청구하는 이유로는,

① 사고를 당한 지점은 뚝방에서부터 자동차 출입을 막는 차단장치가 되어있어(갑제1호증 사진1) 차량출입이 불가능한데도, 약15㎝이상의 높은 차량 과속방지턱을 만들어 놓았는데 (이는 뚝방입구에 차량을 통제하는 차단장치를 설치하기 전에 차량과속방지턱을 만들어 놓은 것으로 보임)
차량출입 통제장치를 설치했으면 과속방지턱을 철거했어야 될 것인데도 그대로 방치해 두었으며,
② 설사, 차량이 아닌 자전거의 과속을 방지하기 위해 이런 과속방지턱을 만들었다면 이렇게 높은 방지턱을 만들지 않고 자전거바퀴가 부딪혀도 큰 충격 없이 속력만 감속하도록 설치길이 2.0m, 설치높이 7.5㎝로 하여 약간의 경사가 되도록 했어야 할 것이고,
③ 과속방지턱 설치지점은 다리밑 그늘진 곳으로 항상 어둠침침한 곳이라 과속방지턱을 설치했다면 페인트 등으로 도색 하여 알아보기 쉽도록 조치했어야 될 것이며,
④ 진입로에 과속방지턱의 위치를 알리는 교통안전표지를 해 놓았어야 될 것이었습니다.

이는 자전거가 부딪히면 위로 튀어 올라 사고를 당할 수도 있다는 사실을 감안하지 않은 주민의 안위를 무시한, 무사안일과 행정편의주의의 본보기입니다.

2. 과속방지턱 설치에 관한 법적 근거로는,
도로법 제39조[도로의 구조, 시설 등]

① 도로의 구조 및 시설과 도로의 유지, 안전점검 및 보수는 건설교통부령이 정하는 기준에 의한다. (99.2.8. 개정)에 의하여,

건설교통부령 206호 (99.8.9.시행)

제47조 [도로의 구조 등에 관한 세부적인 기준]에 의한,

도로안전시설설치 및 관리지침 (과속방지턱 편)

4. 구조

  4.1 형상 및 제원

        과속방지턱의 형상은 원호형을 표준으로 하며, 그 제원은 설치길이 3.6m, 설치높이 10㎝로 한다.

  (설명)

        과속방지턱은 원호형, 사다리꼴, 가상 과속방지턱이 있으나, 본 지침에서는 활용도가 가장 높고 현장 검증이 된 형태인 원호형 과속방지턱을 표준으로 하였다.

        과속방지턱의 표준 형상인 원호형 과속방지턱은 상부면의 형상이 원호(圓弧) 혹은 포물선 등의 곡면으로 되어 있는 좌우 대칭형을 갖춘 과속방지턱으로, 곡면의 구체적 형상은 설치 길이 내의 세부 거리간의 최대 근사 곡선으로 한다.---(중략)

        도로 관리 기관에서 공공 시설물로서 과속방지턱을 설치할 경우에는 설치 길이 3.6m, 설치 높이 10㎝의 규격을 적용하는 것이 타당하다. <u>단, 국지도로중 폭6m 미만의 소로 등에서 표준규격이 적용 지역의 여건으로 보아 크다고 판단되는 경유에는 실험 결과에서 적용 가능한 것으로 분석된 설치 길이 2.0m, 설치높이 7.5㎝를 적용할 수 있다.</u>로 되어 있는데,

(사고현장의 도로는 폭이 4m의 소로이므로, 설치길이는 2.0m, 설치높이 7.5㎝로 적용해서 설치 길이 내의 세부 거리간의 최대 근사 곡선으로 설치해야 함에도,

현장에는 이와는 반대로 설치길이는 2.0m의 1/2인 1.0m로 짧게, 설치높이는 7.5㎝의 두배인 15㎝로 높게 돌출되어 있어서, 자전거가 달리다가

미처 인지하지 못하고 부딪혔다 하면 큰 사고가 나게 되어 있었음)

    4.3 도색

        과속방지턱은 충분한 시인성을 갖기 위해 반사성 도료를 사용하여 표면 도색 함을 원칙으로 한다. 사용색상은 하얀색과 노란색으로 그림4.3과 같이 도색한다.라고 하며, 그림4.3과 표4.1 및 표4.2로 상세히 명시되어 있음에도,

(사고현장의 과속방지턱은 아무런 도색이 되지않았음)

5. 설치

  5.1 설치 위치

      가. 과속방지턱의 설치 위치는 다음과 같다.

          1)~4) 생략

      나. 과속방지턱의 설치를 금하는 위치는 다음과 같다.

          1)~3) 생략

          4) 교량, 지하도, 터널, <u>어두운 곳</u> 등. 이라 명시되어 있는데도,

(사고현장은 교량 밑이라 항상 그늘진 어두운 곳이라 과속방지턱의 설치를 금하는 위치임에도 과속방지턱을 설치해 놓았음)

  5.3 관련 시설의 설치

      가. 도로상에 과속방지턱을 설치하였을 때는 통행 안전을 위하여 사전에 과속방지턱의 위치를 알리는 교통안전표지를 설치해야 하며,

        교통량이 많은 도로에서는 노면표시를 병행하여 설치할 수 있다.

      나. 과속방지턱의 인지성을 향상시키기 위하여 조명 시설을 병행하여 설치할 수 있다. 로 되어 있음에도,

(사고현장은 교통안전표지를 설치하지 않았고, 조명시설도 없었음)

3. 피고는 과속방지턱설치에 관한 건설부령의 '도로안전시설설치 및 관리지침'의 어느 한가지도 적용하지 않았으며, 위험하게 과속방지턱을 설치 하므로써, 원고가 사고를 당하여 안면에 돌이킬 수 없는 흉터가 생기고 완치할 때까지 상당한 고통을 겪게 되었을 뿐 아니라, 만약 넘어지면서 머리를 부딪혔으면 뇌진탕으로 식물인간이나 아니면 목숨까지 잃을 뻔했습니다.

원고는 이와 같은 사유로 피고에게,

① 완치할 때까지의 고통과,
얼굴에 돌이킬 수 없는 흉터를 남겨 일생을 마칠 때까지, 만나게 될 수많은 사람들로부터 받게될 좋지 못한 인상, 혐오감 등의 정신적 고통을 감안하여 금 10,000,000원을 배상할 것과,

② 두 번 다시 본인과 같은 사고를 방지하기 위하여 설치된 과속방지턱을 철거할 것을 내용증명 우편으로 요구하였으나,

피고는 이를 수용하지 않아 부득이 본 소에 이르게 되었습니다.

첨 부 서 류

1. 진단서 1부
2. 과속방지턱 설치에 관한 관련법규 1부
3. 도로안전시설설치 및 관리지침(요약) 1부
4. 증거목록

2000. 6. .

위 원고 채 달 기

서울지방법원 성남지원 귀중

증 거 목 록

갑제1호증의1~4　　　　사고현장사진

갑제2호증　　　　　　　통고서 (손해배상청구)

　　　　　　　　　　　　　　　2000. 6.   .

　　　　　　　　　　　　　원고 채   달   기

서울지방법원 성남지원　귀중

목록15)-4 자동차 방지턱철거 항소장

항 소 장

원고(항소인)   채 달 기
서울특별시 용산구 동빙고동 7-22
창희빌딩 전화 794-0707
우140-809

피고(피항소인)   성남시
성남시 수정구 태평동 3309
우461-700

'손해배상'

소송물가액   금 10,000,000원

첨부인지액   금   원

송 달 료   금 45,200원

수원지방법원 귀중

항 소 장

원고(항소인)　　　채 달 기
　　　　　　　　　서울특별시 용산구 동빙고동 7-22
　　　　　　　　　창희빌딩 전화 794-0707
　　　　　　　　　우140-809

피고(피항소인)　　성남시
　　　　　　　　　성남시 수정구 태평동 3309
　　　　　　　　　우461-700

'손해배상'

위 당사자간의 수원지방법원 성남지원 2000가소 34504 손해배상 청구사건에 관하여 2001. 4. 2. 동원에서 선고한 제1심 판결은 아래와 같음.

원판결의 표시

1. 원고의 청구를 기각한다.
2. 소송비용은 원고의 부담으로 한다.

원고는 위 판결을 2001년 4월 9일 그 송달을 받았음.

불복의 정도 및 항소를 하는 이유의 진술

원고는 원 판결에 대하여 전부 불복이므로 이에 항소를 제기합니다.

항 소 취 지

1. 원판결을 취소한다.

2. 소송비용은 피고의 부담으로 한다.
   라는 판결을 구합니다.

항 소 이 유

추후 제출하겠습니다.

                             2001. 4.   .
                     위 원고(항소인) 채 달 기

수원지방법원 귀중

항 소 이 유 서

2001나 5774

        원고(항소인)   채 달 기
                                       서울특별시 용산구 동빙고동 7-22
                                       창희빌딩 전화 794-0707
                                       우140-809

        피고(피항소인)   성남시
                                       성남시 수정구 태평동 3309
                                       우461-700

1. 원심은 본 사건에서 증인심문 등 여러정황으로 봐서 피고(피항소인)의 귀책사유가 명백함에도 아무런 설명도 없이 원고의 청구를 기각한다는 판결로 종결했습니다.

2. 피고(피항소인)는 성남시 분당구 이매동 115-1 미림프라자(이매촌 진흥아파트 802동 옆) 건너편 탄천 뚝방에서 탄천으로 내려가는 경사진 내리막길 끝의 다리밑에 위험한 과속방지턱을 설치해 놓았는데,

피고(피항소인)는 과속방지턱설치에 관한 관련법규인 도로안전시설설치 및 관리지침인 <건설교통부령>206호 도로의 구조.시설기준에 관한 규칙제47조(도로의 구조 등에 관한 세부적인 기준)에 의한 '과속방지턱'편의 모든 시설기준을 무시한채 턱없이 높게(높이의기준은 7.5㎝인데 20㎝가 넘게설치) 차량의 과속방지턱을 설치(1심소장 참조)하여 원고(항소인)를 비롯한 이용자들을 위험에 처하도록 하였으며,

원고(항소인)는 2000. 6. 8. 06:00시경 탄천 뚝방에서 탄천으로 내려가는 경사진 길을 자전거로 내려가다가 경사진 길을 다 내려온 지점에서 갑자기 나타난 과속 방지턱을 앞바퀴로 받으면서 공중으로 퉁겼다가 좌측으로 넘어지면서 얼굴과 어깨, 팔, 다리 등 6군데를 다치는 사고를 당했는데 이중,

    얼굴의 좌측 눈밑 광대뼈쪽 상처부위중 반쪽은 4바늘을 꿰매고 나머지 반쪽은 패인 살점이 떨어져 나가 꿰맬 수 없는 상처를 입었고,

　　　　무릎과 팔은 갈아 붙힌 상처가 깊어 한발자국 움직일 때마다 상처가 땅겨서 꾸부릴 수가 없어 완치할 때까지 겨우 발길을 옮기는 고통을 받았으며,

　　　　왼쪽 어깨와 오른쪽 발목 위와 오른쪽 무릎 위 등 3군데는 찰과상을 입는, 전치 2주의 상해를 입었습니다.

3. 원고는 2000. 7. 30. 11시30분경 사고현장에서 성남케이블TV방송 기자들에게 과속방지턱의 잘못된 설치와 사고경위를 설명하고 난후 사고현장 건너편의 자전거 가게에서 성남시 분당구 이매동 124 이매한신아파트 211동 1903호에 거주하는 장병복 이란 사람을 만나 대화 끝에 장병복이란 사람도 원고가 상해를 입은 동일 장소에서 2000. 7. 23. 18:00시경에 자전거로 내려가다가 다리밑 어두운 곳에 설치된 과속방지턱을 미쳐 발견하지 못하고 들이받고 오른쪽으로 넘어지면서 손바닥과 무릎, 발등에 상처를 입었고 이로인해 지금까지 무더운 날씨에 목욕도 제대로 못하고 손도 마음대로 쓰지 못하는 등, 고통을 당하고 있다는 것이었습니다. (갑제4호증의1~3 참조)

　　이렇게 사고를 당하고도 일일이 문제삼지 않고 스스로 치료를 하고 끝내는 사람이 있다는 사실이 입증되었으며, 원고와 장병복 이외에도 잘못 설치된 과속방지턱으로 인해 사고를 당한 사람이 많을 것이란 사실을 짐작하고도 남는 일이며, (갑제4호증의1) 상해확인서의 장병복을 증인채택하여 증인신문까지 하여 과속방지턱의 위험을 입증했음에도 1심은 원고의 청구를 한마디 설명도 없이 기각한 것입니다.

　　　　　　　　　　　　　　　2001. 5. 30.
　　　　　　　　　　　　위 원고(항소인)　채　달　기

수원지방법원　귀중

목록16-1) 가족관계등록부 정정허가신청서

가족관계등록부 정정허가신청서
(출생지 및 생년월일 정정)

인지액 1,000원
송 달 료
31,200원(6회분)

신 청 인   성   명: 채 우 석   (☎ 010-7220-2323)
        주민등록번호: 3909220-1019130
        주   소: 서울시 관악구 국회단지4길 15
                  (봉천동 모던빌) 102호   08716
        등 록 기준지: 서울시 성동구 동일로55가길 22 (변경)

사건본인   성   명: 채 우 석
        주민등록번호: 390220-1019130
        주   소: 서울시 관악구 국회단지4길 15
                  (봉천동 모던빌) 102호   08716
        등 록 기준지: 서울시 성동구 동일로55가길 22 (변경)
        출   생 지: 경북 달성군 공산면 지묘동 526번지 (제적)

신 청 취 지

1. 『위 등록기준지의 가족관계등록부 중 사건본인의
   출생지가 [정정전: 경북 달성군 공산면 지묘동 526번지]로 기재된,
        ①기본증명서 **출생장소** (기본서류1)
        ②기본증명서 **출생장소** 제적등본(제적) (기본서류3)
        ③제적등본(전산) **출생장소** 등 (기본서류4)
   가족관계등록부의 모든 출생지를,
   [정정후: (일본어표기)
            니혼쿄토후쿄토시시모쿄오쿠히가시쿠죠, 산노쵸66반치
            (日本 京都府 京都市 下京區 東九條 山王町66番地)

　　　　　　또는 일본 교토부 교토시 하경구 동구조 산왕정66번지
　　로 정정하는 것을 허가한다.』
2. 『위 등록기준지의 가족관계등록부 중 사건본인의,
　　　　　①기본증명서(상세) **출생연월일** (기본서류1)
　　　　　②가족관계증명서(상세) **출생연월일** (기본서류2)
　　　　　③제적등본(전산) **출생연월일** 등 (기본서류4)
　　가족관계등록부의 모든 생년월일이,
　　　　[정정전: 1939년 2월 20일]로 기재된 것을
　　　　[정정후: **1939년 2월 21일**]로 정정하는 것을 허가한다.』
　　라는 결정을 구합니다.

신 청 원 인

1. 신청인은 2008년12월23일 서울가정법원(2008드단 103642)으로부터 이혼 조정으로 이혼하였으며, (기본서류7 조정조서)
2. 2009년06월10일 서울가정법원(2009호파 3525)으로부터 개명 결정을 받고 '채달기'에서 '채우석'으로 개명하였습니다. (기본서류8)
3. 신청인이 출생한 1939년02월21일(20일로신고)에 신청인의 부모는 일본 교토 시내에 거주하고 있었으므로 호적에 출생 신고가 되어 있는 <u>경북 달성군 공산면 지묘동 526번지</u>에서 신청인이 출생했다는 것은 있을 수 없으며,
　　신청인은 <u>**1939년02월21일**(소화14년2월21일)</u> **니혼교토후교토시시모교오쿠히가시쿠죠, 산노쵸66반지**((<u>**일본 교토부 교토시 하경구 동구조 산왕정66**(**日本 京都市 下京區 東九條 山王町66**)</u>)에서 태어났습니다.
　　((소명자료2의6(가족란 생년월일))
4. 당시 일본 교토부(<u>京都</u>府)에서 교부한 원고의 부(父) 자동차운전면허증(소형면허) 교부일자는 신청인이 태어나기 3년 전인 **소화11년12월8일 교부**(1936년12월8일)이며, (소명자료1의3, 1의4)

재교부 일자가(소화14년12월8일)1939년12월8일이므로,(소명자료1의5) 신청인의 부모가 신청인이 태어나기 이전부터 일본 교토에 거주하고 있었음을 증명하고 있습니다.

(소명자료1호증의4 (당시신청인父의 주소))

5. ① 신청인의 **출생지**가 한국으로 잘못된 것은, 6형제의 장남이었던 신청인의 부(父)로부터 의뢰받은 신청인의 삼촌이 고국에 신고 되어있던 신청인의 부(父) 출생지로 잘못 신고한 것이며,

② **출생 일자**가 잘못된 것은 일본에서 한국까지 멀리 떨어진 상황에서 신청인의 부(父)가 한국에 있는 삼촌에게 전달하면서 전달받은 삼촌의 착각으로 하루가 틀리게 1939년 02월 21일이 아닌 1939년 02월 20일로 출생 신고를 한 것으로 생각되는 바입니다.

(기본서류1 기본증명서) (기본서류3,4 제적등본, 기본서류2 가족관계증명서)

6. ① 신청인은 신청인의 출생지가 잘못된 것은 일찍이 알았으나,

② 출생 일자가 잘못됐다는 사실은, 1976년경 신청인의 자(채승호)가 소학교 3~4년경 편도선염으로 서울 을지로2가에 있는 백병원에 입원했을 때 같은 병실에 입원해 있던 환자의 어머니 생일이 음력으로 **1939년 초삼일**이라 해서, 신청인의 생일도 음력 **1939년 초삼일**로 같은 날이라서, 그러면 양력으로는 몇일이냐고 물어보았더니 **1939년02월21일**이라 해서 신청인은 자신이 틀린 것은 모르고,

상대방이 잘못 알고 있는 것이라고 생각하며 만년력을 찾아보니 신청인이 틀렸다는 사실을 알게 된 것인데,

출생지와 출생 일자가 모두 잘못되었다는 사실을 알고 나서는 한편으로 꺼림칙하게 생각하며 지내왔으나,

신청인은 현재 지난 세월의 험난했던 시절을 한 권의 책으로 엮고 있는데 교정이 거의 완성 단계에 있으며, <u>여기에 출생지와 출생일이 사실대로 기록되어 있는데,</u> (소명자료3의3 출생지 및 출생일자)

<u>출생지와 출생 일자를 바로잡지 않으면 신청인이 거짓말을 한 것으로 영원히 오점(汚點)을 남기게 되는 것이므로,</u>

신청인의 출생지 및 출생 일자를 사실대로 바로잡기 위해 신청취지와 같은 신청을 하게 된 것입니다.

첨 부 서 류

기본서류	1.기본증명서 2.가족관계증명서 3.제적등본(제적) 4.제적등본(전산) 5.주민등록표(등본) 6.주민등록표(초본) 7.이혼 8.개명
소명자료	1의1~1의6 신청인부(父)의 일본 자동차운전면허증 (1936.12.08.) 2의1~2의9 신청인부(父)의 일본 협화회회원증 　　　　　　　　　　((소화15년(1940년)03월01일)) 3의1 거친파도가 휩쓸고 간 '나의 흔적' (책표지) 3의2 거친파도가 잠재우다 3의3 나는 이렇게 투쟁했다 3의4 책머리에 3의5 불굴의 의지가 맺은 결실 (노동조합위원장)

2024. 12. 06.

신청인 채 우 석

수신인 성명: 채 우 석
휴대전화번호:
　010=7220-2323

서울동부지방법원 귀중

☞ 유의사항
1. 관할법원은 사건본인의 등록기준지를 관할하는 가정법원입니다.
2. 신청서에는 인지액 1,000원을 붙여야 합니다.
3. 송달료는 31,200원(6회분)을 송달료취급은행에 납부하고 영수증을 첨부하여야 합니다.
4. ☎ 란에는 연락 가능한 (휴대)전화번호를 기재하시기 바랍니다.

목록16-2) 항고장(등록부정정)

항 고 장

원사건 서울동부지방법원 2024호기190 등록부정정

항고인(신청인)　　성　　　명: 채 우 석　　　（☎ 010-7220-2323)
　　　　　　　　주민등록번호: 3909220-1019130
　　　　　　　　주　　　소: 서울시 관악구 국회단지4길 15
　　　　　　　　　　　　　（봉천동 모던빌) 102호　　08716
　　　　　　　　등 록 기준지: 서울시 성동구 동일로55가길 22 (변경)

사건본인　　　　성　　　명: 채 우 석
　　　　　　　　주민등록번호: 390220-1019130
　　　　　　　　주　　　소: 서울시 관악구 국회단지4길 15
　　　　　　　　　　　　　（봉천동 모던빌) 102호　　08716
　　　　　　　　등 록 기준지: 서울시 성동구 동일로55가길 22 (변경)
　　　　　　　　출 생 지: 경북 달성군 공산면 지묘동 526번지 (제적)

　　　　첨부인지액　　　　　금　　　1,500 원

　　　　송 달 료　　　　　　금　　　31,500 원

　　　서울동부지방법원　귀중

항 고 장

원사건 서울동부지방법원 2024호기190 등록부정정

> 수입인지 1,000원
> 송달료   2회분

항고인(신청인)   성   명: 채 우 석   (☎ 010-7220-2323)
                주민등록번호: 3909220-1019130
                주   소: 서울시 관악구 국회단지4길 15
                         (봉천동 모던빌) 102호   08716
                등 록 기준지: 서울시 성동구 동일로55가길 22 (변경)

사건본인   성   명: 채 우 석
                주민등록번호: 390220-1019130

　위 사건에 관하여 서울동부지방법원 2024호기 190 등록부정정 허가신청 사건에 관하여 항고인(신청인)은 귀원이 2025.01.10. 선고한 판결에 대하여 2025.01.16. 송달받고 이에 불복하므로 항고를 제기합니다.

원판결의 표시

주 문
이 사건 등록부정정 신청을 기각한다.

항 고 취 지

1. 『위 등록기준지의 가족관계등록부 중 사건본인의
   출생지가 [정정전: 경북 달성군 공산면 지묘동 526번지]로 기재된,
   　　　①기본증명서 **출생장소** (기본서류1)
   　　　②기본증명서 **출생장소** 제적등본(제적) (기본서류3)
   　　　③제적등본(전산) **출생장소** 등 (기본서류4)

가족관계등록부의 모든 출생지를,

　　　　　주　　　　　소: 서울시 관악구 국회단지4길 15
　　　　　　　　（봉천동 모던빌）102호　　08716
　　　　　등 록 기준지: 서울시 성동구 동일로55가길 22 （변경）
　　　　　출　생　지: 경북 달성군 공산면 지묘동 526번지 （제적）

[정정후:(일본어표기)**니혼교토후교토시시모교오쿠히가시쿠죠,산노쵸66반치**
　　　　（日本 京都府 京都市 下京區 東九條 山王町66番地）
　　　　또는 일본 교토부 교토시 하경구 동구조 산왕정66번지
로 정정하는 것을 허가한다.』

2. 『위 등록기준지의 가족관계등록부 중 사건본인의,
　　　①기본증명서（상세）**출생연월일** （기본서류1）
　　　②가족관계증명서（상세）**출생연월일** （기본서류2）
　　　③제적등본（전산）**출생연월일** 등 （기본서류4）
가족관계등록부의 모든 생년월일이,
　　　[정정전: 1939년 2월 20일]로 기재된 것을
　　　[정정후: **1939년 2월 21일**]로 정정하는 것을 허가한다.』
라는 결정을 구합니다.

항　고　이　유

1. 항고인(신청인)은 세계인권선언 전문에 반하여,
　 태어나자 마자 항고인(신청인)의 의지가 아닌 타의에 의하여 항고인(신청인)에 대한 존엄과 동등하고 양도할 수 없는 권리를 박탈당하여 일본국 교토시에서 태어난 출생지를, 조선국 경북 달상군 공산면 526번지에서 출생했다는 허위 출생신고를 당했습니다.
　 현재도 그렇지만 자식이 태어나면 부모가 출생신고를 하는데 지금은 옛날처럼 태어난 곳을 허위 신고하는 부모는 거의 없을 것이지만,
　 항고인(신청인)의 경우,
　 항고인(신청인)의 부모가 1939년(일본력 소화14년) 일본 교토에 거주

하면서 자식 출산을 위해 교토에서 한국으로 갈 수가 있겠습니까?

항고인(신청인)이 출생신고된 당시의 경북 달성군 공산면 지묘동526번지는 항고인(신청인)이 1945년 귀국한 이후에도 대구시내에서 30리 길로써 갈 수 있는 교통편이 없는, 걸어서나 아니면 소달구지를 얻어 타고 다녀야 하는 생활하기 불편한 오지(奧地)였는데, 이런 불편한 곳을 당시로서는 의료 시설 등 모든 생활 수준이 발전한 교토에서 살면서 이런 오지(奧地)로 자식 출산을 위해 갈 사람이 있었겠습니까?

2. 또한 항고인(신청인)은 태어나자 마자 세계인권선언 조문 제1조에 반하여,

올바른 출생지의 신고를 위한 자유와 그 존엄과 권리에 있어 동등한 권리를 타의(부친과 삼촌)에 의해 박탈당하여 허위 출생지로 신고가 되었습니다.

3. 그리고 세계인권선언 조문 제2조에 반하여,

항고인(신청인)의 출생 또는 기타의 신분과 같은 종류의 차별을 받고, 이 선언에 규정된 모든 권리와 자유를 향유할 자격을 타의에 의하여 박탈 당한 채 87년을 살아왔습니다.

4. 87년동안 살면서 허위 신고된 출생지에 대하여 꺼림칙한 마음 지울 수가 없었으나 생활에 불편한 점은 없어 그대로 지내 왔으나,

생(生)의 끝자락에서 순탄치 않았던 지나온 세월 동안, 그러나 전과 없이 이 나라 근로자들에게 좋은 선물을 남겨준 대법원판례(**대법원91다 14413 노조위원장선거무효**)를 비롯하여 여러 가지 사건들을 집필(소명자료3의3)하다 보니 출생지와 출생 일자를 언급하게 되어 잘못된 출생지와 출생 일자를 바로잡아야겠다는 생각으로 등록부정정 허가신청을 하게 된 것인데,

원심에서는 <u>항고인(신청인)의 진정어린 취지를 왜곡하여 직접적인 증거가 되지 않는다는 취지로 기각한 것입니다.</u>

5. 항고인(신청인)이 제출한 증거물로는,
   ① 항고인(신청인) 부(父)가 일본국 교토부로부터 1936년(소화11년)12월08일 교부받은 소형운전면허증(소명자료1의3,4)에 교토 주소지가 기록되어 있고,
   ② 협화회회원증의 가족난(소명자료2의6)에는 항고인(신청인)의 생년월일이 소화14년(1939년)02월21일로 명기되어 있는데,
   이보다 더한 직접적인 자료가 무엇이 있겠습니까?
   <u>(증거물의 원본은 언제든지 제출할 수 있습니다)</u>
   이렇게 완벽한 직접적인 자료를 두고 원심은 직접적인 자료가 될수 없다고 기각한 것인데 직접적인 자료라고 하면 어떤 자료가 직접적인 자료가 될 수 있는지 항고인(신청인)은 이해할 수가 없습니다.

6. 또한 원심은 항고인(신청인)에 대한 기각 이유에서,
   이유 2. 나.
   --신청인은 父 채동경의 일본 운전면허증의 교부일자가 1936년(소화 11년) 12월 08일이고 재교부일자가 1939년(소화 14년) 12월 08일이므로 <u>신청인의 부모가 위 기간내 일본에 있었다는 사실이 추정되므로 재적부상 생년월일이 1939년(소화 14년) 02월 20일인 신청인이 일본에서 태어났다고 추정되고 제적부상 출생지 및 출생연월일의 오기는 신청인 父와 삼촌과의 의사소통 과정에서 오기라는 신청인의 주장이 일응 이유 있다고 볼 수도 있으나,</u> ①신청인의 父가 위 기간에 일본에 있었다는 그 자체가 신청인이 일본에서 상기 일시 및 장소에서 태어났다는 직접적인 증거가 되기는 어려우며,--
   라고 하였는데,
   신청인은 父 채동경의 일본 운전면허증의 교부일자가 1936년(소화 11년) 12월 08일이고 재교부일자가 1939년(소화 14년) 12월 08일이므로 <u>신청인의 부모가 위 기간내 일본에 있었다는 사실이 추정된다고 하였으며,</u>
   제적부상 출생지 및 출생연월일의 오기는 신청인 父와 삼촌과의 의사

소통 과정에서 오기라는 신청인의 주장이 일응 이유 있다고 볼 수도 있다고 하고서도,

①신청인의 父가 위 기간에 일본에 있었다는 그 자체가 신청인이 일본에서 상기 일시 및 장소에서 태어났다는 직접적인 증거가 되기는 어렵다고 하는 이상한, 이치에 상응하지 않는 주장을 하며 항고인(신청인)의 신청을 기각하였습니다.

항고인(신청인)의 父가 위 기간에 일본에 있었기 때문에 항고인(신청인)이 일본에서 상기 일시 및 장소에서 태어날 수 있었던 것은 자명하고도 이치에 부합하는 사실임에도, 이러한 사실을 두고 적접적인 증거가 되기 어렵다면서 원심을 기각한 판결은 잘못이라 할 수 밖에 없습니다.

7. 상기와 같은 이유로 항고인(신청인)은 세계인권선언문 제8조에 의한 실효성 있는 구제를 받기 위하여 항고하는 바입니다.

첨 부 서 류

세계인권선언문 (요약)

2025. 02. 03.
항고인(신청인) 채 우 석

서울동부지방법원

세계인권선언문 (요약)

전문

모든 인류 구성원의 천부의 존엄성과 <u>동등하고 양도할 수 없는 권리를 인정하는 것이 세계의 자유, 정의 및 평화의 기초이며, 인권에 대한 무시와 경멸이 인류의 양심을 격분시키는 만행을 초래하였으며,</u> 인간이 언론과 신앙의 자유, 그리고 공포와 결핍으로부터의 자유를 누릴 수 있는 세계의 도래가 모든 사람들의 지고한 열망으로서 천명되어 왔으며, 인간이 폭정과 억압에 대항하는 마지막 수단으로서 반란을 일으키도록 강요받지 않으려면, 법에 의한 통치에 의하여 인권이 보호되어야 하는 것이 필수적이며, 국가간에 우호관계의 발전을 증진하는 것이 필수적이다.

국제연합의 모든 사람들은 그 헌장에서 기본적 인권, 인간의 존엄과 가치, 그리고 남녀의 동등한 권리에 대한 신념을 재확인하였으며, 보다 폭넓은 자유속에서 사회적 진보와 보다 나은 생활수준을 증진하기로 다짐하였고, 회원국들은 국제연합과 협력하여 인권과 기본적 자유의 보편적 존중과 준수를 증진할 것을 스스로 서약하였으며, 이러한 권리와 자유에 대한 공통의 이해가 이 서약의 완전한 이행을 위하여 가장 중요하므로,

이에, 국제연합총회는, 모든 개인과 사회 각 기관이 이 선언을 항상 유념하면서 학습 및 교유를 통하여 이러한 권리와 자유에 대한 존중을 증진하기 위하여 노력하며, 국내적 그리고 국제적인 점진적 조치를 통하여 회원국 국민들 자신과 그 관할 영토의 국민들 사이에서 이러한 권리와 자유가 보편적이고 효과적으로 인식되고 준수되도록 노력하도록 하기 위하여, 모든 사람과 국가가 성취하여야 할 공통의 기준으로서 이 세계인권선언을 선포한다.

조문

- 제1조
<u>모든 인간은 태어날 때부터 자유로우며 그 존엄과 권리에 있어 동등하다.</u> 인간은 천부적으로 이성과 서로 형제애의 정신으로 행동하여야 한다.
- 제2조
모든 사람은 인종, 피부색, 성, 언어, 종교, 정치적 또는 기타의 견해, 민족적 또는 사회적 출신, 재산, <u>출생</u> 또는 기타의 신분과 같은 어떠한 종류의 차별이 없이, 이 선언에 규정된 모든 권리와 자유를 향유할 자격이 있다. 더 나아가

개인이 속한 국가 또는 영토가 독립국, 신탁통치지역, 비자치지역이거나 또는 주권에 대한 여타의 제약을 받느냐에 관계없이, 그 국가 또는 영토의 정치적, 법적 또는 국제적 지위에 근거하여 차별이 있어서는 아니된다.

- 제3조

모든 사람은 생명과 신체의 자유와 안전에 대한 권리를 가진다.

- 제4조

어느 누구도 노예상태 또는 예속상태에 놓여지지 아니한다. 모든 형태의 노예제도와 노예매매는 금지된다.

- 제5조

어느 누구도 고문, 또는 잔혹하거나 비인도적이거나 굴욕적인 처우 또는 형벌을 받지 아니한다.

- 제6조

모든 사람은 어디에서나 법 앞에 인간으로서 인정받을 권리를 가진다.

- 제7조

<u>모든 사람은 법 앞에 평등하며 어떠한 차별도 없이 법의 동등한 보호를 받을 권리를 가진다.</u> 모든 사람은 이 선언에 위반되는 어떠한 차별과 그러한 차별의 선동으로부터 동등한 보호를 받을 권리를 가진다.

- 제8조

모든 사람은 헌법 또는 법률이 부여한 기본적 권리를 침해하는 행위에 대하여 <u>권한있는 국내법정에서 실효성 있는 구제를 받을 권리를 가진다.</u>

(- 제9조~제29조 생략)

- 제30조

이 선언의 어떠한 규정도 어떤 국가, 집단 또는 개인에게 이 선언에 규정된 어떠한 권리와 자유를 파괴하기 위한 활동에 가담하거나 또는 행위를 할 수 있는 권리가 있는 것으로 해석되어서는 아니된다.

목록16-3) 상고장(등록부정정)

상 고 장

신청인 겸 사건본인, 상고인   채 우 석

'등록부 정정 등 청구의 소'

        소송물가액   금   원

        첨부인지대   금   원

        송 달 료   금   원

대법원 귀중

상 고 장

신청인 겸 사건본인, 상고인 채 우 석

주소　　　　서울특별시 관악구 국회단지4길 15, 102호
　　　　　　(봉청동, 모던빌)　전화 010-7220-2323　08716

등록기준지　서울특별시 성동구 동일로55가길 22

'등록부 정정 등 청구의 소'

위 사건 서울동부지방법원 2025브1 등록부정정(기타) 등 신청 사건에 관한 제2심 판결은 불복이므로 이에 상고를 제기합니다.

제2심 판결의 표시

주문　이 사건 항고를 기각한다.
　　　2025.08.07. 결정
　　　2025.08.12. 결정 정본 수령

상 고 취 지

원판결 전부를 파기하고 상당한 재판을 구합니다.

상 고 이 유

추후 상고 이유서를 제출하겠습니다.

2025. 08. 25.

위 상고인 채 우 석

대법원 귀중

목록17) 소장(손해배상청구)

소　　　장

원고　채　우　석
　　　서울시 관악구 국회단지4길 15
　　　(봉천동, 모던빌) 102호
　　　전화 010-7220-2323 08716

피고　삼성전자주식회사
　　　경기도 수원시 영통구 삼성로 129 (매탄동)
　　　대표이사 한　종　희
　　　전화 02-2255-0114　16677

"손해배상청구"

　　　소송물가액　　　　　금 2,151,128 원

　　　첨부인지대　　　　　금　　10,700 원

　　　송　달　료　　　　　금　　52,000 원

수원지방법원　귀중

소   장

원 고   채 우 석
서울시 관악구 국회단지4길 15
(봉천동, 모던빌) 102호
전화 010-7220-2323   08716

피 고   삼성전자주식회사
경기도 수원시 영통구 삼성로 129 (매탄동)
대표이사 한 종 희
전화 02-2255-0114   16677

"휴대폰 화면 고장에 관한 손해배상 청구"

청 구 취 지

1. 피고는 원고에게 금2,151,128 원 및 이에 대하여 소장 부본 송달 다음 날부터 다 갚는 날까지 연 12%의 비율로 계산한 돈을 지급하라.
2. 소송비용은 피고의 부담으로 한다.
3. 제1항은 가집행 할 수 있다.
라는 판결을 구합니다.

청 구 원 인

1. 원고의 휴대폰 화면이 고장(화면이 흑색으로 변함) 난 때가 2023년 11월 08일 경으로 당시(2023.11.08.현재) 휴대폰 잔여 할부금은 22개월 1,075,564원이었습니다.
   (소갑제7호증)
2. 원고는 2021.08.19. 삼성 Galaxy Z Fold 3을 신도림 테크노마트 9층 미라클(6번기둥)에서 2,100,000원에 구입한 후 사용 중 2023년09월

초부터 가운데 접히는 부분에 까만 선이 일자로 나타나기 시작하더니 추석 전인 09월 25일경부터 까만색이 점점 커지기 시작하고 폈을 때 좌측 화면의 앱은 정상적으로 동작하는데, 우측 앱은 움직이지 않고 꼼짝하지 않아서 사용할 수가 없었습니다.

(소갑제1호증~소갑제3호증)

3. 추석 연휴를 지나고 2023.10.11. 휴대폰 신도림테크노센터를 방문하여 수리 접수했더니, (소갑제4호증) 수리 접수기사와 수리 팀장 최×근의 말에 의하면, (소갑제5호증)
보증기간 2년 경과로 무상수리 불가하며 수리비 60여만 원을 소비자가 부담해야 한다고 해서 수리를 받지 못하였습니다.

4. 이 같은 경우 휴대폰 고장 수리에 관한 책임 소재는 피고에게 있다 할 것입니다. 왜냐하면,
제품의 하자는 소비자의 잘못이 아닌 자연 발생한 제품의 결함으로써 제조사의 결격사유이므로 보증기간이란 있을 수 없는 사안이며 제품에 대한 보증을 제조사가 끝까지 책임지고 수리해 줘야 마땅하다 할 것입니다.
Z Fold 폰 앱의 자연 고장 발생시 60여만 원의 수리비용을 소비자에게 부담시킨다면 어느 누가 이런 폰을 200만 원 이상 주면서 구매할까요?

5. 피고의 이같은 처사는 소비자에 대한 아주 잘못된 '갑질' 행위로 간주하며, 이것이 이 나라의 최고기업 삼성을 믿고 휴대폰의 최고가격 210만 원씩이나 주면서 애용한 소비자에 대한 보답인가요? 이런 행위를 알았다면 Galaxy Z Fold를 처음부터 구매하지 않았을 것입니다.
원고가 1939년생으로 나이가 많지만 IT(컴퓨터,동영상제작) 등 전자계통은 젊은 사람 못지않게 잘 할 수 있으므로 매번 Z폴드 같은 고가의 휴대폰을 애용한 것인데 피고는 몰상식한 행위로 소비자를 우롱하고 있는 것입니다.

6. 다시 한번 말하자면 본 건은 사용자의 잘못으로 고장 난 것이 아니고,

자연 고장으로 제조사의 결함이므로 수리 비용을 소비자에게 전가해서는 안 되는 것입니다.

(소갑제6호증 통고서, 저절로 고장난 휴대폰 화면 원상복구 촉구)

7. 휴대폰은 결국 전체가 까만 흑색으로 완전히 변하여 사용할 수 없게 되었고, (소갑제8호증)

원고는 할 수 없이 다른 휴대폰으로 교체하였으며,

사용할 수 없게된 휴대폰의 잔여 할부금은 지금도 계속해서 납부하고 있는데 잔여 할부금을 납부하지 않으면 휴대폰을 사용할 수 없게 되어 있으므로 울며 겨자 먹기로 할 수 없이 납부하고 있는 피해를 당하고 있습니다.

8. 그러므로 피고는 휴대폰 화면이 고장난 때의 휴대폰 잔여 할부금 1,75,564원과 이후 사용할 수 없는데도 계속해서 잔여할부금을 납부하고 있으므로 잔여할부금 1,075,564원과 이에 대한 피해배상금으로 1,075,564원 합계 금2,151,128원의 손해배상금을 청구합니다.

소 명 방 법

소갑제1호증~소갑제3호증	휴대폰 고장 화면
소갑제4호증	수리 접수증
소갑제5호증	센터 관리자 명함
소갑제6호증	통고서 (저절로 고장난 휴대폰 화면 원상복구 촉구)
소갑제7호증	휴대폰 할부금 잔액(\1,075,564)
소갑제8호증	흑색으로 변한 휴대폰 화면

첨 부 서 류

1. 위 소명방법	각 1통
1. 법인등기부등본	1통
1. 소장 부본	1통

2024. 12. 12.

위 원고 채 우 석

수원지방법원 귀중

(소갑제1호증)

(소갑제2호증)

(소갑 제3호증)

(소갑제4호증)

(소갑제5호증)

목록18) 답변서 (피고)

답 변 서

사　건　　2024가소11474 손해배상(기)
원　고　　채 우 석
피　고　　삼성전자 주식회사

청구취지에 대한 답변

1. 원고의 피고에 대한 청구를 기각한다.
2. 원고와 피고 사이의 소송비용은 원고가 부담한다.
　　라는 판결을 구합니다.

청구원인에 대한 답변

1. 원고 주장의 요지

원고는 2021년 8월 19일 삼성 Galaxy Z Fold3(이하 '이 사건 스마트폰'이라고 합니다)을 구매하였으며, 2023년 9월부터 이 사건 스마트폰의 가운데 접히는 부분에 검은 줄이 나타나기 시작하면서 우측 화면이 정상 작동하지 않게 되자 2023년 10월 11○일 삼성전자서비스 주식회사(이하 '삼성전자서비스'라고 합니다)가 운영하는 신도림테크노휴대폰센터(이하 '서비스센터'라고 합니다)에 방문하여 수리를 요청하였으나 서비스센터가 이 사건 스마트폰의 잔여 할부금 1,5,564원 및 이에 대한 손해배상금 1,75,564원을 청구하고 있습니다.

2. 이 사건 스마트폰 잔여할부금에 대한 청구 관련

　가. 무상수리 거부에 따른 품질보증의무 불이행 여부

　　원고는 이 사건 스마트폰 고장은 자연 발생한 제품의 결함으로 제조사인 피고의 책임임에도 서비스센터에서 무상수리해주지 않았다는 이유로 잔여 할부금 상당의 손해배상을 청구한다고 주장하고 있습니다.

--이하 중략--

　　이 사건 스마트폰에 적용되는 제품보증서에 의하면 <u>이 사건 스마트폰의 품질보증기간은 구입일로부터 2년이며 품질보증기간</u> 내에는 무상 서비스를 제공하지만 품질보증기간이 지난 이후에는 무상 서비스를 제공하고 있지 않습니다.

--이하 중략 (캡처본) 등--

5. 결론

　　이상에서 살펴본 바와 같이 피고는 이 사건 제품보증서를 통해 보증한 품질보증의무를 성실히 이행하고 있으며, 원고에 대해 어떠한 손해배상책임도 부담하지 않습니다. 따라서 원고의 주장은 모두 이유가 없으므로 원고의 청구를 기각하여 주시기 바랍니다.

입 증 방 법

1. 을 제1호증   이 사건 스마트폰 제품보증서
2. 을 제2호증   한국소비자원 공문
3. 을 제3호증   온라인 피해구제 사이트 사건 처리 결과 캡처본

참 고 자 료

1. 참고자료1.   품목별 품질보증기간 및 부품보유기간
1. 참고자료2.   품목별 해결기준 일부(제1면.제20면)

2025. 3. 28.

피고 삼성전자 주식회사
대표이사 　전 　영 　현

피고의 소송대리인
담당변호사 　류 　채 　령

수원지방법원 민사53단독(소액) 귀중

목록19) 준비서면(피고의 답변서에 대한)

준 비 서 면

2024가소 11474　　　　　　　　　　　　(피고 답변서에 대한--)

　　　원　고　　　채 우 석
　　　피　고　　　삼성전자주식회사

위 사건에 관하여 원고는 다음과 같이 변론합니다.

1. 피고의 주장

　피고는 답변서에서, --이 사건 스마트폰에 적용되는 제품보증서(을 제1호증 제품보증서, 이하 '이 사건 제품보증서'라 합니다)에 의하면, <u>이 사건 스마트폰의 품질보증기간은 구입일로부터 2년이며</u>, 품질보증기간 내에는 무상 서비스를 제공하지만 품질보증기간이 지난 이후에는 무상 서비스를 제공하고 있지 않습니다.--
라고 하였는데,

　1) 피고가 제조하여 원고에게 판매한 Galaxy Z Fold3은 일반 스마트폰이 아닌 세계에서 유례가 없는 접고 펴는 특수성을 지닌 스마트폰(이하 **'특수 스마트폰'**이라 합니다)으로써 소비자인 원고는 화면을 펴면 넓은 화면을 이용할 수 있고 사용하지 않을 때는 접어 두는 **'특수 스마트폰'**의 특수성을 감안 하여 고가의 부담을 안고 구입 한 것으로,
접고 펴는 **'특수 스마트폰'**의 1차 발표 당시의 제품에서도 접고 펴는데 문제점이 발생한 것을 대다수 소비자들이 다 알고 있는 사실이지만, 그후 문제점이 개선된 것으로 알고 원고도 삼성이라는 브랜드를 믿고 **'특수 스마트폰'**을 구입한 것입니다.

그런데 2년이 조금 지나고 나서 가운데 접히는 부분이 일자로 검게 변하기 시작하면서 서서히 양쪽 화면 전체가 새까맣게 변하여 사용할 수 없는 하자가 발생하였는데 이는 제조회사인 삼성전자주식회사로서는 치명적인 하자인데, **(소갑제8호증)** 이같은 하자는 발생해서는 안될 제조상의 결함이므로,
이를 두고 보증기간을 적용한다는 것은 있을 수 없는 처사이며 대기업의 '갑질 행위'라 하지 않을 수 없습니다.

<u>이같은 사실은 소비자의 잘못으로 발생한 것이 아닌 제조사인 피고의 제조결함이므로 무한 책임을 져야 하는 것으로 보증기간 운운하는 자체가 있을 수 없는 것입니다.</u>

2) 피고가 제출한 참고자로1 을제3호증의 〈별표Ⅲ〉 품목별 품질보증기간 및 부품보유기간 품목 5. 1) 완제품 -스마트폰.휴대폰 품질보증기간 2년에서는 일반적인 스마트폰.휴대폰으로 명기되어 있을뿐,

<u>Galaxy Z Fold3의 특수성을 감안하여 'Galaxy Z Fold 시리즈'라는 **'특수 스마트폰'**의 명칭을 별도로 추가하여 명기해야 할 것인데도 'Galaxy Z Fold 시리즈' 또는 'Galaxy Z Fold3'이라는 명칭이 명기되어 있지 않습니다.</u>

비록 제조시의 '갑질 행위'라 할지라도 굳이 보증기간을 적용하려고 한다면,

<u>을제3호증의 〈별표Ⅲ〉 품목별 품질보증기간 및 부품보유기간 품목 5. 1) 완제품 -스마트폰.휴대폰 품질보증기간 2년에서 Galaxy Z Fold 시리즈가</u> 별도로 명기되었어야 피고가 주장하는 사실에 명분이라도 설 것입니다.

3) 또한 보증기간 2년에 'Galaxy Z Fold 시리즈'가 별도로 명기되어 있지 않았다 하더라도 보증기간 2년을 적용하려고 한다면 원고에게 Galaxy Z Fold3을 판매할 때 원고로부터 보증기간 2년에 동의한다는 동

의서를 받았어야 할 것인데, 피고는 원고로 부터 동의를 받지 않았으며, 원고 역시 보증기간 2년에 동의한 사실이 없으며,

피고는 이런 동의 절차 없이 피고가 일방적으로 보증기간 2년이란 기간을 만들어 놓고 제품을 판매하고 있습니다.

그러므로 피고가 제출한 증거목록들은 이 사건과는 관련 없는 사안들로써 아무 의미가 없습니다.

더구나 자신들이 잘못 제조한 물건에 보증기간을 두고 자신들의 잘못을 소비자에게 전가한다는 것은 어린아이가 들어도 웃을 일입니다.

2. 제조물 책임의 성립 여부

피고의 귀책사유(제조물결함)로 인해 '특수 스마트폰'을 사용할 수 없게 되었는데도 '특수 스마트폰'의 잔여 할부금을 계속 지급해야 한다는 것, 또한 있을 수 없는 모순된 경우이며,

피고의 답변서 나. 제조물 책임의 성립 여부에서,

-- 제조물책임법상의 제조물 책임은 제조물의 결함으로 생명. 신체 또는 재산에 손해가 발생한 경우에 제조업자 등에게 지우는 손해배상 책임이며,--라고 한 것처럼,

이사건 원고의 'Galaxy Z Fold3'의 화면 고장으로 사용할 수 없게 된데 대한 수리비가 600,000만원이 넘는(700,000원에 가까운 고비용) 비용이 드는 것은 재산에 손해가 발생한 경우에 해당하는 것이므로, 그에 대한 손해배상 책임은 마땅히 피고에게 있는 것이며 '특수 스마트폰'인 'Galaxy Z Fold3'의 제조 결함 이후 사용할 수 없게 된 '특수 스마트폰'의 잔여 할부금 또한 피해자인 원고가 책임져야 할 이유가 없습니다.

3. 피해배상금 주장 관련

원고가 구입하여 사용한 '특수 스마트폰'은 제조상의 결함으로 자연히

고장이 나서 서서히 시간을 두고 전체가 완전히 새까맣게 변해버린 하자를 두고, 피고는 무엇을 입증하지 않았다는 것인지 이해 할 수가 없습니다.

화면 전체가 새까맣게 변해서 못쓰게 된 그 자체가 하자로 입증된 것인데 무엇을 입증하지 않았다고 하는지 알 수가 없습니다.

4. 이상과 같이 피고의 답변은 원고의 동의가 없는 피고의 일방적인 주장에 불과하며 '제조사의 결함'을 변명할 여지가 없는 대기업의 '갑질 행위'이므로 피고의 주장을 배척하여 주시기 바랍니다.

2025. 04. 04.

위 원고 채 우 석

수원지방법원
민사53단독(소액) 귀중

'거친 파도'와 같았던 그의 운명(運命)은?
　　　인생 낙오자(落伍者) -----

　　　그의 인생은 "거친 파도",
　　　지금도 휘몰아치는 "거친 파도" 속에서 -----
　　　한(恨) 많은 그의 여정(旅程) '나의 흔적(痕跡)'은 여기까지,

　　그의 인생 항로를 마친다.

잘못 생각한 순간의 선택이 일생을 두고 '거친 파도'에 휩쓸릴 줄 짐작이라도 했으랴---

　　　한 마디로 그는 낙오자(落伍者)였으나
　　　일생에서 겪은 그의 여정(旅程)은
　　　한편으로, 살아가면서 많은 경험을 쌓고,
　　　또 한편으로는 많은 희열(喜悅)도 느끼면서
　　　참으로 그의 인생은 재미있었고 값진 삶이었다 ---

거친 파도가 휩쓸고 간,
'나의 흔적(痕跡)'을 마치며 ---

　그는 철두철미 완벽주의자이며~ 거짓을 모르고 의리를 존중하며, 생물은 파리 한 마리도 잡기를 꺼리는 소심한 성격을 가져 즐기는 낚시를 해서 잡은 붕어의 배를 가를 수 없는 성격을 가졌으나,
　생활 신념은 시간관념과 약속은 반드시 지키고 불의와 타협할 줄 모르며, 남에게 해를 끼치는 행위는 생각조차 할 수 없으나 그가 아무 잘못 없이 억울하게 당하게 되면 끝까지 바로잡아야 하는 기질을 가졌다.

　그러나 그의 인생은 낙오자(落伍者)였지만,

　세익스피어의 '노인과 바다'에서 노인이 남긴 말,
'인간은 파멸당 할 수는 있을지 몰라도 패배할 수는 없어'
라는 말과 같이 어떤 어려움이 닥쳐도 좌절하지 않고 꿋꿋하게 참아가면서 살아왔으나 끝내 경제적으로 파산하고 처자와 헤어지는 아픔을 겪는 처지가 되었어도,

　행복은 돈과 재물에 있는 것이 아니라, 어떻게 살았는가? 즉 '후회 없는 삶'을 사는 데 있는 것이다.
CHW TV 드라마 '오싱'에서 큰 사모님 '쿠니' 마님이 '오싱'과 차를 마시며 한 말, (54회 끝부분)
사람의 행복이란 건 말이다, 절대 물건이나 돈이 아니다.
재산이 아무리 많아진다 해도 돈에 기대는 행복은 덧없는 것이다.
중요한 건 말이다. '후회 없는 삶을 사는 거다'
라고 한 것처럼,

　인생의 가치는 돈만이 아니므로,
　지나온 흔적(痕跡)을 자랑삼아 이 글을 남깁니다.

　　　　　　　　　　　　　　　　　　채 우 석 (舊名, 蔡達基)
　　　　　　　　　　　　　　　　　　닉네임 '거친파도'

거친 파도가 휩쓸고 간,
'나의 흔적'

저작자 채우석 (구,채달기)

펴낸날 2025년 9월 15일

펴낸곳 파도처럼 출판사
전 화 (02) 866-2323
팩 스 전화겸용
주 소 서울시 관악구 국회단지4길, 15
이메일 wsch39@naver.com
블로그 https://blog.naver.com/wsch39
출판등록 2025년 8월 28일

저작권 등록연월일 2025년 07월 30일
등록사항 저작자 : 채우석,
창작연월일 : 2025년 07월 01일

이 책은 저작권법에 의해 보호받는 저작물이므로
무단전재와 무단복제 등 상업 관련 행위를 금합니다.

ISBN 979-11-994666-0-9